Ann-Marie Breitenstein
Der verzauberte Garten

© 1979 Buchverlag Basler Zeitung
Druck: Basler Zeitung, 4002 Basel
Printed in Switzerland
ISBN 3 85 815 054 1

Ann-Marie Breitenstein

Der verzauberte Garten

Illustrationen: Jenö Vass

Draussen vor der Stadt gibt es viele Einfamilienhäuser. Und zu jedem dieser Häuser gehört auch ein Garten. Aber nicht jeder Garten ist gleich wie der andere. Da sind Gärten, in denen fast nur Blumen blühen, Gärten mit vielen Obstbäumen und Gärten, in denen auch Salat und Gemüse wächst. Der Garten mit den drei grossen Tannen ist aber sicher der schönste weit und breit. Da ist alles so sauber gepflegt, und es gibt darin die prächtigsten Blumen, die man in dieser Gegend finden kann.

Mitten im Garten steht das Haus. Es ist nicht gross und nicht modern, passt aber so recht zu seiner Umgebung. In diesem Haus wohnt Karin mit ihren Eltern.

Karin ist ein sehr liebes, nettes Mädchen. Sie ist acht Jahre alt, hat ein hübsches Gesicht mit Grübchen in den Wangen und wunderschöne Augen. Diese Augen können strahlen wie zwei Sterne, wenn sie sich freut. Sie ist ein zartes, feines Kind, das alle liebhaben, die sie kennen.

Es ist Mitte Juni. Tagsüber hat es geregnet und der Abend hat einen kühlen Wind mitgebracht. Man kann nicht im Garten auf der Bank sitzen und zum Sternenhimmel hinaufsehen. Karin liegt darum auch schon in ihrem Bett, aber sie schläft noch nicht. «Erzähl mir doch eine Geschichte», bittet sie ihre Mutter. Karin liebt Geschichten. Besonders gern hört sie Märchen, in denen es so schöne Dinge gibt wie Elfen, Feen und Zwerge. Sie schläft dann viel besser ein und kann sogar von dem träumen, was sie gehört hat.

«Nun gut», sagt die Mutter, die auf Karins Bett sitzt, «ich will dir ein schönes neues Märchen erzählen. Du musst mir aber versprechen, dass du nachher sofort einschläfst.»

«Ja, das will ich tun.» Karin lehnt sich ins Kissen zurück, sieht die Mutter an und ist ganz still.

Die Mutter holt einen bequemen Stuhl, setzt sich und erzählt ihrem Kind das Märchen.

Die Nacht der tausend Lichter

In einem kleinen, aber schönen Land lebte einst eine Märchenfee. Sie war ein sehr zartes, liebliches Wesen, das nur den einen, einzigen Wunsch hatte: die Menschen glücklich zu machen.

So ging sie Abend für Abend von Haus zu Haus und erzählte den Kindern die hübschesten Geschichten. Sie handelten von Blumen und Bäumen, von den Tieren des Waldes; aber auch von den Sternen und von hilfreichen Feen und guten Menschen.

Die Kinder liebten diese Geschichten sehr und nahmen sie mit hinüber in ihre Träume. Doch auch die Eltern waren der Märchenfee dankbar, denn sie hatten gar keine Sorgen mit ihren Kleinen. Des Nachts schliefen sie friedlich in ihren Betten und bei Tag waren sie folgsam und artig. So lebten die Leute im ganzen Land zufrieden und glücklich; einer half dem anderen und niemand musste Not leiden.

Darüber freuten sich auch der König und die Königin. Die Märchenfee war oft im Schloss zu Gast, um der kleinen Prinzessin und dem Prinzen das Einschlafen mit einer schönen Geschichte leichter zu machen. Eines Abends sagte der König zu seiner Frau: «Unsere Märchenfee bringt uns Glück. Was würde wohl geschehen, wenn wir sie eines Tages verlieren müssten?»

«Ja», meinte die Königin, «das wäre sehr schlimm. Nicht auszudenken, was da geschehen könnte!»

Noch während die Königin dies sagte, erklang unten im Park ein unheimliches Lachen. Es kam aus einem Gebüsch hervor, hinter dem sich drei böse Geister verborgen hatten. Es waren: der Neid, die Eifersucht und die Bosheit. Sie waren ins Land eingedrungen, um Unfrieden zu stiften. Es missfiel ihnen, dass die Leute hier so zufrieden und glücklich waren; denn glückliche Menschen sind gut und denken nicht daran, Böses zu tun.

«Alles Glück und alle Zufriedenheit kommen von der Märchenfee», sagte die Eifersucht. Sie spie dabei auf den Boden und schüttelte sich. Der Neid griff mit gierigen Händen in die Luft, als wolle er etwas packen. «Wir müssen die Märchenfee vernichten!» rief er. Seine Arme fielen herab und es sah aus, als schlage er auf die nicht vorhandene Märchenfee ein. Die Bosheit besah sich ihr hässliches Gesicht im Schlossteich, in den gerade die Silberstrahlen des Mondes fielen. Dabei wurde ihr Hass noch grösser und sie rief: «Wir werden sie töten! Hört, ich besitze noch einen Zauberstab, den mir einst ein Hexenmeister geschenkt hat. Damit kann ich jedes Lebewesen, sei es Mensch, Tier oder sogar Fee, zu Stein verwandeln. Das will ich mit der Märchenfee tun.»

«Gut, sehr gut!» rief die Eifersucht, und auch der Neid stimmte zu. Mit hastigen Schritten gingen sie weiter durch den Park, dorthin, wo er am dunkelsten war. Sie wussten, die Märchenfee würde gleich kommen, um die Kinder des Königs zu besuchen.

Es war einer jener Herbstabende, an denen sich leichter Nebel zwischen Himmel und Erde senkt und die Sterne nur wie durch einen Schleier sichtbar sind. Die Märchenfee kam leise, wie auf Engelsflügeln, durch den Park und strebte dem hellerleuchteten Königsschloss zu.

Plötzlich standen die drei bösen Geister vor ihr. «Halt! Du gehst nicht weiter!» riefen sie wie im Chor. Die Märchenfee erschrak. «Was wollt ihr von mir? Ich tue doch keinem etwas Böses. Die Kinder des Königs warten auf mich.»

«Das ist es ja!» rief die Bosheit. «Du tust nur Gutes, lässt die Kinder artig und die Eltern glücklich sein. Das wollen wir nicht. Das muss ein Ende haben. Wir werden dich vernichten. Dann übernehmen wir die Macht im Lande. Das wird ein herrliches Leben sein. Die Leute werden sich streiten, sie werden sich Böses antun, und die Kinder werden unartig sein, so oft wir drei es wollen.»

«Nein, bitte nicht!» bat die Märchenfee. «Lasst die Menschen doch gut und glücklich sein!»

«Dummes Ding!» rief der Neid. «Das verstehst du nicht.» «Du sollst sterben», sagte die Eifersucht. Die Märchenfee bat: «Aber ich muss doch zu den Kindern des Königs. Sie warten auf mich.»
«Nein», sagte die Bosheit. «Du wirst ihnen nie mehr Märchen erzählen, und den anderen Kindern auch nicht. Ich werde dich zu Stein verwandeln, hier, auf der Stelle, wo du stehst.»
Tränen glänzten in den Augen der Märchenfee, doch sagen konnte sie nichts mehr. Die Bosheit hatte bereits ihren Zauberstab erhoben und ein paar Worte dazu gesprochen. Da war der Märchenfee, als ob man ihr das Herz aus dem Körper herausziehe. Sie konnte sich plötzlich nicht mehr bewegen. Eine bisher nie gekannte Eiseskälte begann von ihr Besitz zu ergreifen und sie zu lähmen. Ein letzter Seufzer – es war vorbei. Da stand sie nun, zu Stein erstarrt.
Die drei bösen Geister waren zufrieden mit ihrem Werk. Lachend machten sie sich davon. Nun würden die Menschen endlich so werden wie sie.
Im Schloss warteten die Prinzessin und der kleine Prinz noch immer auf die Märchenfee. Es war schon sehr spät. Viel zu spät für die Kleinen. Das dachte auch der König. «Wo bleibt denn heute unsere Märchenfee?» rief er.
«Vielleicht hat sie sich im Nebel verirrt», vermutete die Königin.
Da befahl der König seinen Dienern, mit ihren Leuchtern durch den ganzen Park zu gehen und nach ihr zu suchen. Einer der Diener sah schliesslich die steinerne Gestalt, die am Rande des Weges, ganz in der Nähe des Schlosses, stand.
«Aber das ist doch die Märchenfee!» rief er. «Sie ist tot. Nein, sie ist aus Stein. O, wie ist das nur möglich?»
Aus allen Richtungen kamen sie da gelaufen: die anderen Diener, der König, die Königin, die Hofdamen und die Königskinder. Alle starrten sie ungläubig und fassungslos auf die steinerne Gestalt. Ja, das war ihre Märchenfee. Da gab es

gar keine Zweifel. Sie stand da, als ob sie gerade einen Schritt nach vorne tun möchte, die rechte Hand wie zu einer Bitte erhoben. Unter dem rechten Auge sah man eine Träne, aber auch die war aus Stein.
«Wer hat das getan?» rief der König.
«Ein böser Geist», meinte die Königin. «Ganz sicher war es ein böser Geist.» Die kleine Prinzessin begann zu weinen. Man trug sie ins Schloss zurück. Schlafen wollte sie aber nicht – in dieser Nacht nicht und auch nicht in der nächsten. Sie wurde sehr krank und blass und machte den Eltern grosse Sorgen.

Am frühen Morgen bereits hatte sich das Geschehene überall herumgesprochen. Die Leute kamen in den Park, um sich die versteinerte Märchenfee anzusehen. Traurig gingen sie dann an ihre Arbeit. «Das wird nicht gut werden», sagten einige von ihnen.

Und es wurde nicht gut. Die Knaben und Mädchen, die nun des Abends keine Geschichten mehr zu hören bekamen, wurden unruhig und unzufrieden. In der Nacht wollten sie nicht schlafen und bei Tag waren sie garstig, ja geradezu unausstehlich. Das machte auch die Eltern ungeduldig und ärgerlich. Es gab Streit unter Nachbarn und viel Böses geschah im ganzen Land. Die drei Geister hatten ihre Herrschaft angetreten.

«So kann das nicht weitergehen!» sagte eines Tages der König. «Das ganze Land leidet unter diesem Zustand. Es muss etwas geschehen. Der Sterngucker soll kommen!»

Der Sterngucker war ein gelehrter Mann, der aus den Sternen die Zukunft herauslesen konnte. Er wohnte im höchsten Turm des Schlosses, ganz oben, und studierte in jeder Nacht den Sternenhimmel. Dann schrieb er auf, was er aus der Stellung der Gestirne las.

Als er zum König gerufen wurde, begann er gleich zu sprechen: «Ich weiss, was Majestät zu wissen begehren. Es ist die Frage, ob die Märchenfee jemals wieder aus ihrem steiner-

nen Gefängnis erlöst werden wird. Seit jenem traurigen Ereignis habe ich jede Nacht die Sterne befragt. Gerade heute wurde mir Antwort auf meine Frage gegeben. Ja, die Märchenfee wird zu neuem Leben erwachen. Es geschieht dies in einer Nacht, die man später die ‹Nacht der tausend Lichter› nennen wird. Ein Musikant wird hier im Park eine wundersame Melodie spielen, die so zauberhaft klingt, dass sie bis hinauf zu den Sternen dringt. Mit dieser Melodie kann er unsere Märchenfee zu neuem Leben erwecken.»
«Ein Musikant?» wiederholte der König. «Danke, du hast mir sehr geholfen, Sterngucker.»
Darauf liess der König seine Herolde kommen. Sie sollten durch das ganze Land ziehen und verkünden, dass sich jeder Musikant beim König zu melden habe, um ihm und seinem Hofstaat vorzuspielen.
Und sie kamen alle. Diejenigen, die am Feiertag jeweils zum Tanz aufspielten, und die anderen, die zu ihrer eigenen Freude nach des Tages Arbeit zu Hause für sich selbst musizierten. Ja, es waren sogar einige fahrende Zigeuner dabei, die aus weiter Ferne angereist kamen.
Der König empfing sie alle und liess sie dann am Abend abwechslungsweise im Schlosspark spielen. Da ertönten an einem Abend fröhliche Tanzweisen, an einem anderen Abend wieder alte Volkslieder, und später, zur Abwechslung, schwermütige Zigeunerweisen. Gewiss, sie waren schön, diese Abende mit Musik im Schlosspark. Vor allem die Hofdamen freuten sich über die gebotene Zerstreuung. Aber das vorausgesagte Wunder geschah nicht.
«Die Musik ist ja ganz schön», sagte der Sterngucker, «aber da fehlt irgend etwas. So kann unsere Märchenfee nicht erlöst werden. Dazu braucht es mehr. Diese Tanzweisen und Volkslieder genügen nicht. Es muss etwas ganz anderes sein: Eine Musik, die so recht aus dem Herzen eines guten Menschen kommt und bei der man fühlt, wieviel Schönheit es auf unserer Welt gibt. Das Funkeln der Sterne muss darin ent-

halten sein, die kühlenden Regentropfen nach einem heissen Sommertag, das leise Fallen der Blätter von den Bäumen im Herbst und das zarte Rauschen des Nachtwindes. Vielleicht werden wir noch lange warten müssen, bis einer kommt, der das vollbringt, aber wir dürfen die Hoffnung nicht aufgeben. Er wird kommen. Die Sterne haben es vorausgesagt.»
Enttäuscht liess der König die Musikanten wieder nach Hause ziehen. Natürlich nicht ohne sie vorher noch reichlich belohnt zu haben. Dann ging er sinnend und traurig hinaus in den Park, wo die Märchenfee stand. «Wir müssen warten», sagte er zu ihr. «Aber wir geben die Hoffnung nicht auf.»
Der Winter kam ins Land. Er war diesmal besonders hart und kalt. Im Schlossteich wurde das Wasser zu Eis und die Äste der Bäume seufzten unter der Last des gefrorenen Schnees. Die kleine Prinzessin stand blass am Fenster und blickte traurig auf die ebenfalls mit hartem Schnee bedeckte, steinerne Märchenfee. Dabei verzog sie ihr Mündchen, als wollte sie weinen. Seit jener Nacht, in der die bösen Geister die Märchenfee zu Stein verwandelt hatten, war kein Lächeln mehr über ihre Lippen gekommen.
Aber auch der Winter blieb nicht für immer im Land. Er musste dem Frühling weichen und dieser wieder dem Sommer. Das Land stand noch immer unter dem Einfluss der drei bösen Geister. Die Unruhe und der Unfriede machten den Menschen viel zu schaffen.
Der Sommer neigte sich bereits seinem Ende zu, als eines Abends ein netter junger Mann mit eiligen Schritten durch den Schlosspark ging. Die Sonne war schon untergegangen und die Bewohner hatten in ihren Häusern die Lichter brennen. Der junge Mann wusste nicht, wo er sich da befand, denn er kam von weit her, aus einem anderen Land. Die erleuchteten Fenster des Schlosses aber zeigten ihm den Weg, so dass er sich etwas umsehen konnte.
Plötzlich blieb er stehen. Ihm war die zierliche Mädchenfigur aufgefallen, die da vor ihm am Wege stand. Er betrachtete

sie lange. «Wie zart du bist», sagte er dann. «Und so lieb siehst du aus. Schade, dass du nur aus Stein bist. Aber ich will trotzdem etwas für dich spielen.» Und er nahm seine Geige und spielte eine wunderbare Melodie. Sie klang so zauberhaft, dass sich plötzlich alles um ihn veränderte. Der Wind wurde still, die Grillen zirpten nicht mehr und selbst die Frösche im nahen Teich hörten auf zu quaken. Die ganze Natur schien auf diese Musik zu hören. Die Melodie aber drang hinauf bis zu den Sternen. Und da geschah das Wunder. Die Sterne bekamen einen derart starken Glanz, dass sie wie kleine Feuerchen aussahen. Und von diesem Feuer sandte nun jeder Stern einen Teil zur Erde hinunter. So kamen tausend Flämmchen in den Park des Königs. Sie tanzten um den Musikanten herum und näherten sich dann der Märchenfee.

Im Schloss war man auf die Musik und die vielen Lichter im Park aufmerksam geworden. Der König sah hinaus und sagte: «Die Nacht der tausend Lichter! Sie ist endlich gekommen. Hört Ihr diese wunderbare Musik? Heute wird die Märchenfee erlöst werden.»

Sie gingen alle hinaus und lauschten der Musik, die auch auf sie eine zauberhafte Wirkung ausübte. Noch während der Musikant spielte, sah die Königin, wie die steinerne Träne im rechten Auge der Märchenfee sich plötzlich in Wasser auflöste und zu Boden fiel. Dann stiegen alle die tausend Lichter an ihr hoch, um sie mit ihrem Feuer zu erwärmen.

Ganz langsam kam nun Leben in den Stein. Die Märchenfee bewegte leicht den rechten Arm, wischte sich den Rest der Träne aus dem Auge und tat dann, zögernd noch, einen Schritt nach vorne. Dabei legte sie die linke Hand auf ihr Herz und sagte leise: «Oh, ich habe ein Herz! Ich lebe. Wie schön, ich habe wieder ein Herz!»

Der Musikant liess die Geige sinken und starrte auf das Wunder, das da vor ihm geschah. Er konnte es nicht fassen.

Hatte wirklich seine Musik diese Steinfigur zum Leben erweckt? Die Märchenfee ging zu ihm hin und ergriff seine Hand. «Du hast mir das Leben wiedergeschenkt. Ich danke dir. Bitte bleib hier bei uns. Wir wollen gute Freunde werden! Deine Musik ist wie ein Wunder. Sie macht mich glücklich.»
Nun griff auch der König ins Gespräch ein und sagte: «Du sollst hierbleiben und für uns alle spielen; denn du hast, wie unsere Märchenfee, die Gabe, mit deiner Kunst die Menschen glücklich zu machen, und Glück brauchen wir schliesslich alle ein wenig.»
Der Musikant verneigte sich und ging mit dem König ins Schloss, wo die Märchenfee zuerst die kleine Prinzessin aufsuchte, damit die wieder ganz gesund werde.
Die tausend Lichter aber vereinten sich zu einem grossen Feuer, das nun hinter den drei bösen Geistern herjagte und sie für immer zum Land hinaustrieb.
Seit jener Nacht ging die Märchenfee wieder Abend für Abend zu den Kindern und erzählte ihnen ihre Geschichten. Und damit kehrten auch wieder Glück und Friede im Lande ein.

*

Ein neuer Tag ist angebrochen. Karin hat am Vormittag die Schule besucht und fleissig gelernt. Aber jetzt, am Nachmittag, ist schulfrei. Draussen scheint die Sonne, der Himmel ist strahlend blau und zeigt kein einziges Wölkchen. Und warm ist es, beinahe schon wie im Hochsommer. Karin spielt im Garten. Sie geniesst die Sonne und die wohlige Wärme. Plötzlich aber wird sie ein wenig müde. Jetzt schlafen wäre schön. Aber soll sie ins Haus gehen und sich ins Bett legen, bei diesem herrlichen Wetter? Karin sieht sich im Garten um. Nein, da beim Holunderstrauch steht ja Vaters bequemer Liegestuhl. Da kann man sich wunderbar ausruhen.

Karin geht hin und legt sich hinein. Sie lehnt ihr Köpfchen hinten an, wie es der Vater immer tut, wenn er ein wenig schlafen will. Dann sieht sie hinauf zum Himmel. Ja, Sonne und blauer Himmel, das gefällt ihr. Und wie schön es im Garten ist! Die vielen Blumen mit ihren bunten Kleidern könnten aus einem Märchen sein. «Vielleicht hat sie einmal eine Fee mitgebracht», denkt Karin. «Ob es wohl die Märchenfee ist, von der mir die Mutter gestern erzählt hat?» Karin blinzelt in die warme Sonne, schliesst einen Moment die Augen und versucht, darüber nachzudenken.
Plötzlich steht da jemand vor ihrem Liegestuhl und schaut sie an. Es ist eine Frau. Sie sieht fein aus mit ihrer weissen Haut und dem wunderschönen Haar. Ein hellblaues Kleid trägt sie, das ist mit goldenen Buchstaben bestickt. In der linken Hand hält sie viele kleine Büchlein in verschiedenen Farben.
«Du musst die Märchenfee sein!» sagt Karin.
Die Frau nickt. Karins hübsches Gesichtchen strahlt. «Dann bist du gekommen, um mir eine Geschichte zu erzählen? Das ist lieb von dir. Ich höre sehr gerne Geschichten.»
Die Frau beugt sich zu Karin hinunter und streichelt ihr mit der Hand sanft über das weiche Haar. «Du bist ein sehr nettes, artiges Mädchen, das den Eltern viel Freude macht. Darum sollst du auch nicht nur eine, sondern viele Geschichten hören. Weil ich aber nicht so lange bei dir bleiben darf, müssen andere sie dir erzählen. Ich will dir heute etwas schenken, das bisher noch kein Kind von mir bekommen hat. Deinen Garten hier will ich verzaubern. Alle Blumen, Bäume und Sträucher werden mit dir reden und dir allerlei von sich erzählen. Höre ihnen gut zu. Sie wissen viel zu berichten. – Doch nun leb wohl, kleine Karin. Ich habe dich sehr lieb, und ich werde bestimmt auch wiederkommen.»
«Bleib doch, Märchenfee!» bittet Karin. «Ich habe dich ja auch sehr lieb.» Aber die Märchenfee ist schon verschwunden.
«Sie muss immer weiter», sagt da jemand. «Nie darf sie lange

an einem Ort bleiben. Du musst das verstehen. Es gibt so viele Kinder auf der Welt, die auf sie warten.»
Die etwas tiefe Stimme kommt hinter Karins Liegestuhl hervor. Das Mädchen sieht sich um. Da ist niemand.
«Ich bins, der Holunderstrauch, der zu dir spricht.»
Karin staunt. «Dann ist der Garten ja wirklich verzaubert?»
«Gewiss, gewiss. Was die Märchenfee verspricht, das hält sie auch. Und ich freue mich, dass ich nun mit dir plaudern kann. Du bist wirklich ein liebes Mädchen, und wir hier im Garten haben dich alle sehr gern. Wir freuen uns immer, wenn du zu uns hinauskommst.»
Karin macht ein erstauntes Gesicht. «Ja, können sich denn Blumen und Sträucher auch freuen?»
«Sicher können wir das. Man sieht es uns nur nicht so an wie euch Menschen. Aber auch wir sind fröhlich oder traurig, genau gleich wie ihr.»
«Bist du jetzt fröhlich?» will Karin wissen.
«Und ob ich das bin, wo ich doch mit dir reden darf. Ich könnte dir so viel erzählen. Es geschieht ja immer etwas. Und ich weiss am meisten von allen hier, denn ich bin der Älteste. Es ist darum meine Aufgabe, im Garten für Ordnung zu sorgen.»
«Aber hier ist doch alles in Ordnung», meint Karin.
«Nicht immer», gibt ihr der Holunderstrauch zur Antwort. «Manchmal ist jemand unzufrieden und will den ihm zugeteilten Platz wechseln. Das darf ich aber nicht zulassen. Dann gibt es auch hie und da einmal einen kleinen Streit.»
«Streit?» wundert sich Karin und sieht sich erstaunt in ihrem Garten um. «Das kann ich nicht glauben. Blumen und Bäume streiten sich doch nicht!»
«O doch, das kann schon einmal vorkommen. Ich weiss da eine Geschichte, die ich dir gleich erzählen muss. Sie heisst:

Die streitenden Bäume

Es war an einem Waldrand, ganz nahe bei einer grünen Wiese. Da standen sie schön beisammen, die drei Bäume: eine Tanne, eine Buche und eine Pappel. Die Menschen, die an ihnen vorübergingen, blieben oft stehen und dachten dabei: «Die passen ja gar nicht zusammen.» Die Bäume selbst aber waren zufrieden mit ihrem Platz. Sie dachten nie darüber nach, ob sie zusammenpassten oder nicht. Warum hätten sie das auch tun sollen? Bäume sind nicht wie Menschen. Nur die Menschen denken so viel über alles nach und verstehen es am Ende vielleicht doch nicht. Also, die drei Bäume am Waldrand, die verstanden sich sehr gut. Fast jedesmal, wenn ein Mensch an ihnen vorbeiging und darüber staunte, dass sie hier so friedlich beisammenstanden, lächelten sie ein wenig und nickten sich zu. Es war eine richtige Freundschaft zwischen ihnen.

Einmal aber gerieten die drei Bäume doch in einen Streit, und gerade von diesem will ich erzählen.

Es war ein herrlicher Frühlingstag, genau so wie heute. Die Sonne schien mit frischer Kraft auf die aus ihrem Winterschlaf erwachte Erde. Im Walde guckten die weissen Schneeglöckchen neugierig um sich. Auf den Wiesen hatten sich auch schon die ersten Frühlingsblumen hervorgewagt. An einem solchen Tag war es, als der Streit unter den drei guten Freunden am Waldrand begann.

Am frühen Nachmittag gingen drei Kinder die Strasse entlang; zwei Mädchen und ein Knabe. Sie hatten auf der Wiese die ersten Blumen gepflückt und sie zu kleinen Sträusschen zusammengebunden. Die wollten sie der Mutter nach Hause bringen. Nun waren die Kleinen aber schon müde vom vielen Umherspringen. Die Sonne stand ganz hoch am Himmel und blendete ihre Augen. Darum wollten sie sich irgendwo in den Schatten setzen und ausruhen. Bei den drei Bäumen blieben sie stehen.

«Setzen wir uns unter die Buche!» sagte eines der Mädchen.
«Nein, unter die Tanne!» rief das zweite.

«Aber die Buche gibt mehr Schatten!» sagte wieder das erste, worauf das zweite erklärte: «Und die Tanne ist schöner!»
Der Knabe, der bisher geschwiegen hatte, sollte nun entscheiden, wer von den beiden Mädchen recht habe. Weil er aber mit keinem von ihnen streiten wollte, sagte er, sie hätten beide recht. Da setzte sich das eine Mädchen unter die Buche, das andere unter die Tanne. Zu ihrem Begleiter sagten sie beide kein Wort mehr. Sie waren böse auf ihn. Der aber setzte sich unter die schlanke Pappel, die ihm gerade so viel Schatten gab, wie er brauchte. Dabei sah er in den blauen Himmel, bis ihm die Augen zufielen.

Etwas später wachten sie wieder auf und gingen ihres Weges. Sie plauderten recht munter. Ihren kleinen Streit hatten sie längst vergessen.

Die drei Bäume sahen ihnen lange nach. Als die Kinder schon sehr weit weg waren, sagte die Tanne stolz zu den beiden anderen: «Habt ihr das gehört? Ich bin die Schönste!»

«Nein, ich!» rief die Buche ganz entrüstet.

«So, und wo bleibe ich?» sagte die schlanke Pappel stolz.

Die Tanne meinte: «Wir brauchen uns deswegen gar nicht zu streiten. Die Schönste bin ich, das ist einmal sicher. Würden uns sonst die Menschen an ihrem schönsten Fest, das sie ‹Weihnachten› nennen, aus den Wäldern holen und in ihre Wohnzimmer stellen? Sie schmücken uns sogar mit silbernen und goldenen Kugeln. Nein, nein, die Tanne ist der schönste Baum, den es gibt.»

Nun wurde die Buche aber richtig böse. «Was sind denn schon deine Nadeln? Da lobe ich mir meine prächtigen Blätter. Und wenn die Menschen auch im Winter keinen Blick für mich haben – im Frühling betrachten sie mit um so grösserer Freude meine herrlichen Blüten. Und erst im Sommer! Wie gern setzen sie sich da in den kühlen Schatten, den ihnen

meine grünen Blätter spenden. O nein, Frau Tanne: im Frühling, im Sommer wie im Herbst bin ich die Schönere!»
Die letzten Worte hatte die Buche mit solcher Sicherheit ausgesprochen, dass die Tanne es fast nicht wagte, etwas dagegen zu sagen. Sie wartete einen Augenblick, besann sich dabei auf etwas Neues und atmete tief ein, um weiterzusprechen. Doch da wurde sie von der schlanken und hohen Pappel übertönt.
«Ihr zankt euch da ganz ohne Grund», erklärte die Pappel stolz. «Ihr seid nämlich beide im Unrecht. Gewiss, ihr seid recht hübsch – aber so schön wie ich ist gar kein Baum auf der Welt. Wenn es einen König unter den Bäumen gäbe, dann müsste ich es sein. Ich habe den schönsten Wuchs. Meine schlanke Gestalt ist überall berühmt und wird bewundert. Es gibt gar nichts Vornehmeres und Schöneres als eine schlanke, hochgewachsene Pappel. Wie malerisch sieht es doch von unten aus, wenn über mir die grauen Wolken dahinziehen. Wie beruhigend und schön wirke ich bei einem sonnigen, blauen Himmel. O nein, ich bin die Allerschönste.»
Dies alles sagte die schlanke Pappel. Dann richtete sie sich noch stolzer nach oben, um ja recht gut auszusehen. Sie dachte sich: «Nun wissen die beiden da nichts mehr zu sagen. Sie müssen einfach zugeben, dass ich die Schönste bin. Mögen sie sich ruhig darüber ärgern. Es bleibt nun einmal so.»
Ja, die Buche und die Tanne ärgerten sich wirklich. Sie sagten schon aus lauter Trotz kein Wort mehr. Plötzlich aber hatte die Tanne einen klugen Einfall. Sie rief: «Hört, ich weiss etwas Besseres. Wir wollen uns nicht streiten. Ein anderer soll darüber entscheiden, wer von uns dreien am schönsten ist.»
«Feine Idee!» sagte die Buche begeistert. Sie hoffte natürlich, doch noch als Schönste gelten zu dürfen.
Die stolze Pappel brummte: «Meinetwegen! Aber wen wollt

ihr denn fragen? Es muss jemand sein, der gescheit ist und dem wir auch glauben dürfen.»
«Ja, wen?» wollte die Buche wissen.
Die Tanne besann sich ein wenig. Das war nun so eine Sache. Sie wusste eigentlich selber nicht, wer dafür in Frage kommen könnte. Die Margeriten auf der Wiese? Nein, die würden vielleicht untereinander nicht einig werden. Der lustige Hase, der jeden Abend hier vorbeikam? Der könnte sie auslachen. Er sprach immer so übermütig und keck. Nein, von ihm durften sie keine richtige Antwort erwarten. Die Tanne seufzte. Das war ja ein ganz schwieriger Fall.
«Nun? Du findest wohl keinen, der das weiss?» meldete sich wieder stolz die Pappel. «Dann bleibt es dabei: Ich bin die Schönste.»
Die Buche schwieg.
Da sah die Tanne einen Mann die Landstrasse heraufkommen. Es war ein junger Wanderer. «Ein Mensch!» rief sie erfreut. «Ein Mensch soll uns sagen, wer am schönsten ist.»
«Gut», meinte die Buche und nickte. Sie war recht zufrieden.
Die Pappel brummte wieder: «Meinetwegen!»
Der junge Bursche blieb stehen und besah sich die drei Bäume. Vielleicht dachte er auch, dass sie nicht so recht zusammenpassten. Ich weiss es nicht. Gesagt hat er nämlich gar nichts. Er hat nur an seine müden Füsse gedacht und an den angenehmen Schatten, den ihm die Bäume geben konnten. So ging er hin und legte sich ins Gras, um zu schlafen. Nachdem er es sich so recht bequem gemacht hatte, fasste die Tanne Mut und begann zu reden. «Lieber Mensch», sagte sie, «wir drei; die Buche, die Pappel und ich, sind in argen Streit geraten. Jede von uns will die Schönste sein. Nun sollst du entscheiden, wer es wirklich ist.»
Der Bursche lächelte. Dann besah er sich die Bäume etwas genauer. Was musste er da sagen? Zuerst betrachtete er lange die Buche. Sie war wunderschön mit ihren zartgrünen, frischen Blättern und den vielen Blüten. Es war ein lieblicher

Anblick. So beruhigend, so erfrischend. Wie herrlich, sich in ihren Schatten zu setzen! Schon wollte er sagen, sie sei die Schönste. Dann aber schaute er hinüber zur grossen Tanne. Die war nicht weniger schön. Dem Burschen wurde plötzlich ganz festlich zumute. Er dachte an seine Kinderzeit und an die feinen Geschenke, die ihm seine liebe Mutter immer unter den Weihnachtsbaum gelegt hatte. Sollte er sagen, die Tanne sei am schönsten?

Aber da war ja noch die grosse, schlanke Pappel. Sie besass nicht weniger Schönheit als die beiden anderen Bäume. «Sie ist wie ein Kirchturm, dessen Spitze zum Himmel führt», dachte der junge Mann. «Und diese schlanke Gestalt! Wirklich wunderbar!»

Von der Pappel ging der Blick des Burschen zurück zur Tanne und zuletzt zur Buche. Die Schönste von den dreien? Wer war denn das eigentlich? Nein, das konnte man einfach nicht sagen.

Die Tanne wartete schon ungeduldig auf seine Antwort. Zu ihr wandte er sich nun, als er sagte: «Keine von euch ist die Schönste! Ihr seid alle drei wunderbar. Und ihr steht hier so gut beisammen. Streitet euch also nicht um so etwas Dummes. Es gibt ja noch viele tausend andere Bäume auf der Welt. Die sind genauso prächtig, wie ihr es seid.»

Da sahen sich die drei ganz verwundert an, lächelten wieder und nickten sich zu. Die Buche aber lachte so stark, dass es sie schüttelte und ein paar von ihren prächtigen Blüten zur Erde fielen. Eine davon geriet dem Burschen gerade auf die Nase. Er stand auf, rieb sich die Augen aus und sah sich verwundert um. «Jetzt habe ich wahrhaftig hier geschlafen!» rief er lachend. «Und sogar noch geträumt. Die Bäume haben mit mir gesprochen. Als ob Bäume reden könnten!»

Dann schaute er alle drei noch einmal genau an. «Lebt wohl, ihr guten Freunde», sagte er und lachte von neuem. «Ihr seid

alle gleich schön.» Fröhlich pfeifend ging er auf die Landstrasse und setzte seinen Weg fort.
«Er hat recht», bemerkte nun die Tanne.
«Gewiss hat er recht», meinte die Buche.
Die schlanke Pappel aber sah dem Burschen noch lange nach und lächelte zufrieden vor sich hin.
So endete der erste Streit zwischen den drei Bäumen am Waldrand. Einen zweiten hat es nie gegeben. Sie sind seit jenem Tag gute Freunde geblieben, und die Menschen haben noch oft den Kopf darüber geschüttelt.

*

Die Geschichte ist zu Ende. Der Holunderstrauch schweigt.
Karin meint nach einigem Nachdenken: «Ich weiss auch nicht, wer von ihnen am schönsten ist.»
Da mischt sich die grosse Weisstanne ins Gespräch ein. Sie sagt: «Alle Bäume sind schön, nur jeder auf eine andere Art. Und genauso ist es mit den Blumen, den Sträuchern und Pflanzen.»
Karin sieht sich wieder in ihrem Garten um und nickt dann.
«Ja», sagt sie, «alles ist schön.»
«Dann will ich dir einmal etwas mehr von uns hier erzählen», fährt die Weisstanne freundlich fort. «Den Holunderstrauch hast du ja schon kennengelernt. Wir haben ihn zu unserem Grossvater ernannt. Er ist ein sehr gescheiter alter Mann, der viel gesehen und erlebt hat. Ich glaube, der weiss überhaupt alles. – Unsere Grossmutter steht dort vorne in der Ecke. Richtig, ich meine die Trauerweide. Sie ist trotz ihrem hohen Alter noch sehr stark und gesund. Aber ich glaube, sie fühlt sich immer ein wenig müde. Sie seufzt oft vor sich hin. Wenn sie dich gut leiden mag, erzählt sie dir aber auch eine Geschichte. Nur musst du dann sehr gut zuhören, denn sie spricht ein wenig leise. – Die Mutter in unserem Garten ist

die Sonnenblume. Du kannst dir gar nicht vorstellen, wie gut sie auf unsere kleinen Blümchen aufpasst. Es geht eine solche Wärme von ihr aus, fast wie von der richtigen Sonne dort oben. – Zum Vater unserer kleinen Blumen haben wir den Flieder gewählt. Er passt so gut zu ihnen. Auch ist er kräftig und kann seine breiten Arme nach allen Seiten ausdehnen. Sie reichen weit in den Garten hinein. Von seinem Platz aus kann er seine Kinder fast alle sehen. Am liebsten hat er unser kleinstes, das Schneeglöckchen. Es ist ja auch ein liebes, bescheidenes und zartes Blümchen. Nur ein ganz klein wenig ungeduldig ist es manchmal, wie alle kleinen Kinder. Es möchte dann oft etwas tun, das es eben nicht tun sollte. Aus Neugierde, verstehst du? Einmal hätte ihm das beinahe das Leben gekostet. Zum Glück konnte ich ihm helfen in seiner Not. Aber ich sehe schon, du bist auch neugierig, liebes Mädchen. Du möchtest natürlich wissen, was da geschehen ist. Gut, ich will es dir erzählen,

Die Geschichte vom ungeduldigen Schneeglöckchen

Am Tag vorher hatte es noch geschneit. Es war auch empfindlich kalt gewesen. Aber dann kam plötzlich über Nacht der Frühling ins Land. Die Sonne stand früh auf und liess schon am Morgen den letzten Schnee, der hier im Garten lag, zu Wasser zerfliessen. Dann trocknete sie den Boden und wärmte ihn ein wenig. Mir wurde dabei so richtig wohl zumute. Ich freute mich über den ersten schönen Tag und streckte meine Äste in die warme Luft hinaus. Was musste ich da plötzlich zu meinen Füssen entdecken? Ein kleines, zartes Schneeglöckchen. Ich traute meinen Augen nicht. «Aber du bist ja viel zu früh!» sagte ich zu ihm. Das Schneeglöckchen rieb sich zuerst einmal die Äuglein aus und strich sein frisches, neues Kleidchen zurecht. Dann sah es sich neugierig um. Ja, es war das einzige Blümchen weit und breit, das sich schon aus dem Boden herausgewagt hatte. «Du bist ja noch viel zu früh!» rief ich ihm ein zweites Mal zu.

Das Schneeglöckchen setzte sein schönstes Lächeln auf und sagte: «Aber liebe Tanne, wenn die Sonne einmal so warm scheint, dann ist es doch Frühling.»

Ich machte ein ernstes Gesicht und dachte nach. Wie konnte ich es dem kleinen Blümchen nur beibringen, dass sich der Winter noch in unserer Gegend aufhielt? Es würde sich ja doch auf die Sonne verlassen und mir nicht glauben wollen. Aber ich musste es warnen. Und so ermahnte ich es noch einmal und sagte: «Sei vorsichtig, liebes Kind. Der Winter ist voller Tücken. Manchmal lässt er uns glauben, seine Herrschaft sei zu Ende. Doch plötzlich ist er wieder da und mit ihm seine beiden Kinder – der Frost und die Kälte. Auch die Schneekönigin ist noch nicht über alle Berge. Sei brav und krieche wieder unter den Boden. Die Nacht ist kalt. Du könntest erfrieren.»

«O nein», sagte wieder das Schneeglöckchen. «Es ist doch

Frühling. Fühlst du denn nicht, liebe Tanne, wie warm heute die Sonne scheint?»
Das Schneeglöckchen wollte einfach nicht auf mich hören. Sollte ich böse werden und mit ihm schimpfen wie mit einem unartigen Kind? Es wäre vielleicht richtig gewesen. Aber ich konnte es nicht. Ich hatte das kleine Ding viel zu lieb. So sagte ich nur: «Wir werden ja sehen, wer recht hat», und vertiefte mich wieder in meine Gedanken.
Auch das kleine Schneeglöckchen schwieg. Es dachte nur an den Frühling, an die warme Sonne, und freute sich so recht von Herzen. Manchmal strich es auch wieder zart über sein weisses Kleidchen, das so schön neu und blitzsauber war. Dann, im nächsten Augenblick, guckte es sich beinahe die Äuglein aus und reckte sein Köpfchen nach allen Seiten. Es wollte sehen, ob sich nicht irgendwo noch ein zweites Blümchen hervorgewagt hatte. Es hätte doch ganz gerne ein wenig Gesellschaft gehabt. Wenn es nur da oder dort etwas Grünes entdeckte, ein Kräutlein oder einen Grashalm, dann freute es sich so, dass sein ganzes Gesichtchen strahlte.
Auf diese Weise verging ihm die Zeit schnell. Der Himmel wurde langsam dunkel. Die Nacht kam und mit ihr der Wind, der seinen kalten Atem in die Luft blies. Mein Schneeglöckchen begann plötzlich zu frieren. «Vielleicht bin ich doch ein wenig zu früh», sagte es schüchtern zu mir. Ich war ganz gerührt, als ich sah, wie es zitterte vor Kälte. Zuerst versuchte ich, es mit meinen untersten Zweigen vor dem Wind zu schützen. Das half aber nicht viel. Der Wind blies ja durch mich hindurch.
Dann hörten wir Schritte. Ein bärtiger, grosser Mann kam daher. Es war der Winter. Der hatte uns gerade noch gefehlt! Er konnte doch die Blumen nicht leiden. «Wenn der nun das kleine Schneeglöckchen sieht, wird er aber schön böse werden», dachte ich. Darum rief ich ihm zu: «Verstecke dich rasch! Der Winter ist da. Wenn er dich sieht, ist es aus mit dir.»

Das arme Schneeglöckchen zitterte nun noch mehr. Und es versuchte, sich in meinen Wurzeln zu verstecken. Der Winter blieb gerade neben mir stehen. Er machte ein mürrisches Gesicht. Sein grauer Bart hing unordentlich über der weissen Weste. Schon beim ersten Blick auf den Boden sah er das arme, vor Angst und Kälte zitternde Blümchen. «Vorwitziges Ding!» rief er mit seiner rauhen Stimme. «Hast du denn nicht warten können? Es ist noch nicht Frühling. Ihr wollt mich so bald schon los sein? Warte, euch will ich es zeigen. Meine beiden Kinder, den Frost und die Kälte, will ich rufen. Und auch die Schneekönigin. Dann sollt ihr sehen, wer hier der Herr ist. Und du musst erfrieren, zur Strafe, weil du nicht warten konntest.»

Dem Schneeglöckchen wurde recht bange und es sagte: «Bitte, lieber Winter, lass mich nicht erfrieren. Ich habe ja nicht gewusst, dass du noch da bist. Die Sonne schien doch heute so warm und da dachte ich, dass es jetzt Frühling sei.» «Unsinn», lachte der weisse Mann. «Ich bin da und lasse mich nicht vertreiben. Warte nur, meine Kinder werden dich schon abkühlen nach diesem warmen Tag.» Mürrisch ging der alte Mann weiter.

Das arme Schneeglöckchen begann zu weinen und zu klagen. «Hätte ich doch nur auf dich gehört, liebe Tanne», sagte es. «Nun muss ich erfrieren und niemand kann mir helfen».

Ich wurde selbst ganz traurig, als ich das Kleine so weinen und jammern hörte. Wie nur konnte ich ihm helfen? Ich überlegte es mir lange. Dann fiel mir plötzlich etwas ein. Ich sagte zum Schneeglöckcken: «Hab keine Angst mehr. Ich will versuchen, den Frühling herbeizurufen. Der kann dir sicher helfen.»

Das Schneeglöckchen bekam wieder ein wenig Mut und hob sein Köpfchen. Ich aber rief, so laut ich konnte, nach dem Frühling. Es dauerte einige Zeit, bis meine Stimme ihn erreichte. Aber dann, als er mich hörte, kam er ganz schnell

in den Garten hinein. Ich erzählte ihm vom Schneeglöckchen und dem bösen Winter und bat um seine Hilfe.
Der Frühling fasste das Blümchen mit seinen zarten Händen eine kleine Weile an, bis ihm wieder ganz warm wurde. Dann sagte er freundlich: «Du warst ja schon ein wenig ungeduldig. Warum hast du nicht gewartet, bis ich dich rufe? Aber erfrieren sollst du mir deswegen auch nicht. Ich bin gekommen, um dir zu helfen. Ich jage den Winter ganz einfach zum Lande hinaus, wenn er nicht von selbst gehen will.»
Der Frühling machte sich sofort auf den Weg. Er ging dem bösen Alten nach und trieb ihn so lange vor sich her, dass dem bärtigen Gesellen das Wiederkommen für lange Zeit verleidet war.
Aber das kleine Schneeglöckchen konnte doch die ganze Nacht hindurch nicht schlafen. Es fürchtete sich noch immer vor dem Frost und der Kälte.
Als jedoch der Morgen kam und die Sonne ihre warmen Strahlen auf die Erde hinunterschickte, da wusste es: «Der Winter ist für lange Zeit fort.» Und es war glücklich.
Wie es sich aber im Garten so umsah, da bemerkte es, dass sich inzwischen auch noch andere Blümchen hervorgewagt hatten. Das Schneeglöckchen freute sich über die nette Gesellschaft. Nun musste es nicht mehr so allein sein.
«Ich danke auch schön!» rief es dem Frühling zu. Ob er es wohl gehört hat? Sicher! Und ich wette, er hat sich darüber sehr gefreut.

*

«Gewiss hat er sich gefreut», meint der Fliederbusch. «Aber das Schneeglöckchen ist kein unartiges Kind, liebe Karin. Das darfst du nicht denken. Die Sonne schien halt so warm. Da wachte es auf und glaubte, der Winter sei auf und davon.»

«O nein, ich würde nie denken, dass das Schneeglöckchen nicht folgsam ist», gibt Karin freundlich zur Antwort. «Es sieht doch so lieb aus. Man muss es richtig gern haben.» Neben der Weisstanne lässt sich da plötzlich eine andere Stimme vernehmen. Es ist eine der grossen, schön gewachsenen Föhren, wie man sie im allgemeinen nur in den Wäldern sieht. Sie sagt: «Weisst du, Karin, wir Blumen und Pflanzen haben auch unsere kleinen Fehler, ganz wie die Menschen. Es gibt stolze unter uns, ungeduldige und sogar eifersüchtige. Zum Beispiel die Mohnblume. Sie war immer eifersüchtig auf die Rose. Und über unartige Kinder könnte ich dir auch so manches erzählen. Zum Beispiel die Geschichte vom kleinen Pilzbuben und dem armen Käfer, der bei ihm unterkriechen wollte, als es regnete.»

«O ja, erzähl mir die, bitte. Ich will gut aufpassen und kein Wort vergessen», verspricht Karin.

«Gut denn», sagt die Föhre. Nennen wir die Geschichte:

Der wandernde Pilz

Du musst dir einen grossen, schönen Wald vorstellen. So einen, durch den keine breiten Strassen führen. Nur ganz kleine, schmale Weglein, die oft noch von den Armen eines Gesträuches unterbrochen werden. In so einem tiefen, finsteren Wald, zu Füssen einer breiten Tanne, lebte einst eine Pilzfamilie. Es waren acht Personen. Da war einmal der Vater, der immer ein ganz ernstes Gesicht machte. Die Mutter erkannte man an ihrem besonders schönen, breiten Hut. Um die Eltern herum sassen die Kinder. Es waren fünf Buben. Ganz nahe bei der Tanne sass auch noch die Grossmutter. Sie war sehr dick und ein wenig schwach. Müde lehnte sie sich an den grossen Stamm. Manchmal seufzte sie oder sagte: «Ach, wie traurig, ich bin so alt und müde!» Dann sahen sich die anderen gewöhnlich nach ihr um und nickten.

So sass die ganze Familie recht friedlich beisammen. Die Mutter erzählte den Kindern viel von ihren Erlebnissen. Im Wald gab es ja immer wieder etwas zu sehen oder zu hören. Von den kleinen Vögelchen, die oben in der Tanne ihr Nest hatten, von Eichhörnchen, Hasen und anderen Tieren. Aber auch von Elfen wusste sie zu erzählen, die nachts im Mondenschein ihren Reigen tanzen, und von Heinzelmännchen und anderen Waldgeistern.

Wenn aber die Mutter recht traurig war und wieder einmal ihr Herzweh hatte, dann sprach sie von den Menschen, die oft im Walde herumgehen, alles zertreten und die armen Pilze mit kräftiger Hand aus dem Boden reissen. «Die bösen Menschen!» sagte dann gewöhnlich eines der Kinder. Sie wurden ängstlich und versuchten, sich im Moos zu verstekken.

Als nun die kleinen Pilze schon ziemlich gross waren und ihr Hut genauso breit wie der von Vater und Mutter, bekamen sie eines Tages Besuch. Ein paar schwarze Käfer krabbelten unruhig auf dem Boden herum. Es regnete ziemlich stark. Darum sagte der grösste der Käfer zum Pilzvater: «Lasst uns doch unter eurem Dach wohnen, sonst werden wir ganz nass.» Mit dem Dach meinte er die grossen Hüte der Pilze, die wie Regenschirme aussahen.

«Natürlich dürft ihr das», gab der Pilzvater freundlich zur Antwort. «Wie viele seid ihr denn?» Der Käfer zählte seine Brüder, vergass dabei auch sich selbst nicht und erklärte, sie seien zusammen genau acht. «Das ist gut», meinte der Pilzvater. «Wir sind auch acht. Also hat jeder von euch sein eigenes Dach. Einer kommt zu mir, einer zur Mutter, einer zur Grossmutter, und zu jedem der Buben kommt auch einer.» Die Käfer bedankten sich recht höflich, und dann bezog jeder seine neue Wohnung. Sie freuten sich alle sehr, krabbelten um ihre Pilze herum und lachten. Hier war es ja so schön trocken.

Unter den Pilzbuben war aber einer, und zwar der jüngste und kleinste von ihnen, der war ein richtiger Lausbub. Wenn der Vater seinen Kindern einen guten Rat gab, hörte er nicht zu. Erzählte die Mutter etwas Trauriges oder warnte sie die Buben vor den Menschen, dann lachte er sie aus. Er wollte immer gerade das tun, was er nicht tun sollte. Dabei prahlte er noch damit, dass er den Mut hatte, ungehorsam zu sein. Auch über die arme Grossmutter machte er sich oft lustig, wenn sie über ihr Alter und ihre müden Füsse jammerte. Diesem kleinen Lausbuben gefielen die armen Käfer gar nicht. Er fand sie recht garstig. Das lustige Krabbeln unter seinem Hut war ihm schrecklich unangenehm. So sagte er zu seinem Gast: «Ich will dich nicht bei mir haben, hörst du! Du bist so hässlich. Ich mag dich nicht. Und dein ständiges Gekrabbel tut mir in den Ohren weh.» Der arme Käfer wusste gar nicht, was er nun tun sollte. Am liebsten hätte er sich im Boden verkrochen. Das ging aber nicht. Darum sagte er ganz schüchtern zum Pilzbuben: «Entschuldige. Wenn es nicht so nass wäre draussen, würde ich schon wieder weggehen.»

Das war einmal ein gut erzogener, höflicher Käfer, nicht wahr? Auch unser Lausbub dachte so. Aber gerade die gut erzogenen Leute mochte er gar nicht leiden. Er wurde noch wütender. In seinem Zorn sagte er zum Käfer: «Ich kann dich nicht ausstehen! Mach, dass du fortkommst! Mein Hut gehört mir und nur ich allein bestimme, wer darunter Schutz suchen darf. Also mach, dass du fortkommst! Du kannst ja zu meiner Grossmutter gehen, die dort drüben am Stamm sitzt. Sie hat einen sehr grossen Hut und kann schon zwei Gäste aufnehmen.»

Der Käfer machte sich beschämt und traurig auf den Weg zu Grossmutters schützendem Hut. Der Boden war sehr nass. Er konnte nur langsam vorwärtskommen. Schon sah er Grossmutters breiten Hut winken. Da, er hatte nicht aufgepasst, lief er direkt in ein grosses Loch hinein. Das war mit viel Wasser gefüllt. Der Käfer zappelte und zappelte, aber er kam nicht mehr hinaus. So musste er schliesslich darin ertrinken.

Der Pilzvater hatte das alles mitansehen müssen. Er schämte sich vor den anderen Käfern, weil er ein so unartiges, böses Kind besass. «Aus meinen Augen, du Lausbub!» rief er zornig. «Weg von hier und lass dich nie mehr bei uns blicken. Du bist eine Schande für die ganze Familie.»

Die Mutter versuchte, den Vater zu beruhigen. Sie sagte dem Buben, er solle den Vater um Verzeihung bitten. Das wollte aber der kleine Pilz nicht. Er war nicht nur ein Lausbub, er war auch ein arger Trotzkopf.

«Um Verzeihung bitten?» sagte er. «Nein, das tue ich auf keinen Fall. Lieber gehe ich fort und suche mir einen anderen Platz.»

«Dann geh!» rief der Vater mit vor Wut zitternder Stimme. «Von heute an habe ich nur noch vier Kinder.»

Die anderen vier Buben wagten kein Wort zu sagen. Schüchtern sahen sie vom Vater zum jüngsten Bruder. Was würde der nun anfangen? Würde er doch noch um Verzeihung bitten und bei ihnen bleiben? Nein, er tat es nicht. Er lachte dem Vater ganz frech ins Gesicht und sagte: «Gut, ich gehe. Und ich komme nie wieder.» Dann machte er sich vom Boden los, kehrte ihnen allen den Rücken und hüpfte davon. Nicht einmal einen Abschiedsgruss liess er hören. Die Mutter weinte.

Der kleine Pilz aber wanderte unbekümmert in den Wald hinein. Um sich selbst ein wenig Mut zu machen, pfiff er eine lustige Melodie oder sang ein Liedchen vor sich hin. Es war eine richtige Entdeckungsreise, die er da machte. Er sah so viel Neues, von dem er bisher keine Ahnung gehabt hatte. Da waren zum Beispiel Pilze, die sahen ganz anders aus als er selbst. Sie gefielen ihm aber gar nicht so gut. Er fand sich selbst viel schöner. «Zu diesen möchte ich mich nicht setzen!» brummte er vor sich hin.

Aber wo sollte er sich eigentlich hinsetzen? Er musste sich ja einen neuen Platz auswählen. Überall sah er sich um, aber nirgends wollte es ihm so recht gefallen. Es gab eben im ganzen Wald keinen Platz, der so schön war wie der bei der grossen Tanne, wo seine Eltern und seine Brüder sassen. So ging der dumme Lausbub immer weiter.

Nach langer Zeit, als ihm seine Füsse vom vielen Gehen schon weh taten, sah er eine schöne Tanne. Sie sah fast gleich aus wie die andere, bei der er gewohnt hatte. Ihr zu Füssen gab es einen weichen Teppich aus grünem Moos. Daneben wuchs ein prächtiges Farnkraut. Pilze gab es aber hier weit und breit keine.

«Das ist der richtige Platz für mich!» rief der kleine Pilz mit Begeisterung. «Hier will ich wohnen. Da bin ich ganz allein und niemand kann mir etwas befehlen. Hier tue ich nur immer das, was ich will.»

Schon legte sich der Lausbub unter die Tanne ins weiche Moos. Es war Zeit, sich von der langen Reise auszuruhen. Da hörte er neben sich ein Geräusch, das ihm gar nicht

gefiel. Richtig, es krabbelte wieder. Ein schöner, goldbrauner Käfer kam über die Wurzeln der Tanne und betrat den Moosteppich. Der kleine Pilz fuhr erschrocken in die Höhe. «So eine Frechheit!» rief er und zitterte vor Wut. «Kann man denn nirgends Ruhe haben vor diesen dummen Käfern!» Der Käfer ging ruhig weiter. Er achtete gar nicht auf den kleinen Pilz und sein Schimpfen. Der aber machte sich wütend wieder auf den Weg, um einen besseren Platz zu suchen. Es wurde aber schon ganz dunkel im Wald. Die Nacht kam. Nur den Kuckuck und das Käuzchen hörte man noch. Alle anderen Vögel hatten sich in ihren Nestern zur Ruhe gesetzt. Auch Rehe und Hasen schliefen friedlich. Der Pilz aber hatte noch immer kein passendes Plätzchen gefunden. Mit müden Beinen schleppte er sich vorwärts. Jetzt sang er kein Liedchen mehr. Er pfiff auch nicht so fröhlich vor sich hin wie am Nachmittag. Er wanderte und wanderte und wusste gar nicht, wohin ihn sein Weg führte. Es war jetzt so finster im Wald, dass er gar nichts mehr sehen konnte. Zuletzt wollten ihn seine Beine einfach nicht mehr tragen. Sie taten so weh, dass sich der Lausbub hinlegen musste, wo er gerade stand. Sofort fielen ihm auch die Augen zu und er schlief ein.

Am anderen Morgen weckte ihn schon früh die Sonne. Da musste er eine schreckliche Entdeckung machen. Er war nämlich gar nicht mehr im Walde drin, sondern ganz aussen an seinem Ende, neben der Landstrasse. Gegenüber lag eine grüne Wiese.

«Da bin ich ja viel zu weit gegangen», dachte der Lausbub. Gleich wollte er wieder zurück in den Wald. Er dachte plötzlich an seine Mutter, die immer vor den bösen Menschen gewarnt hatte, weil sie die armen Pilze mit nach Hause nehmen, um sie im Feuer zu braten. Er wollte aber nicht gebraten werden, der kleine Pilz. Darum stand er geschwind auf, rieb sich die verschlafenen Augen und drehte sich dem Wald zu. In diesem Augenblick kam eine grosse, runzlige Hand. Sie erfasste ihn, hob ihn auf und setzte ihn in einen Korb. «Wäre ich doch bei meinen Eltern geblieben und folgsam gewesen!» dachte jetzt der kleine Pilz. «Nun muss ich in einem Topf auf dem Feuer brennen. Und dann werde ich gegessen.» Er hatte ganz schreckliche Angst davor. Aber da konnte ihm nun keiner mehr helfen. Er wurde mit vielen anderen Pilzen zusammen auf den Markt gebracht. Neugierig sah er sich dort um. Nein, seine Eltern konnte er nicht finden. Die hatten ein gar sicheres Versteck unter der grossen Tanne. Nie würde eine Menschenhand nach ihnen greifen. Der kleine Lausbub jedoch wurde von einer Frau gekauft, in einer Pfanne gekocht und dann gegessen. Es geschah ihm auch wirklich recht; denn er war unartig und musste dafür bestraft werden.

*

«Der arme Pilz», sagt Karin bedauernd. Die Föhre ist nicht mit ihr einverstanden. «Recht ist ihm geschehen», meint sie. «Wer so handelt, muss bestraft werden. Seinetwegen ist doch der arme Käfer umgekommen. Ertrinken, das muss ja nicht gerade angenehm sein.»
Karin stimmt ihr zu. Dann denkt sie über die Mohnblume nach. Ihr Kleid ist wohl schön rot; so richtig feurig. Aber es sitzt nicht so gut wie das der Rose oder der Nelke. Vielleicht hält sie es nicht recht in Ordnung?
Der Flieder scheint Karins Gedanken erraten zu haben. «Sie ist eben ein wenig wild, die Mohnblume», erklärt er. «Und dass sie draussen im Ährenfeld stehen muss, daran ist sie selbst schuld. Aus Stolz und Eigensinn ist sie vor vielen, vielen Jahren aus dem Garten davongelaufen. Wenn du willst, erzähle ich dir davon.»
«Gern», sagt Karin und sieht zum Flieder hin. Der atmet erst tief ein und erzählt dann

Die Geschichte der Mohnblume

Als der liebe Gott die Welt erschaffen hatte, besah er sich am siebenten Tage noch einmal alles genau. Da waren Berge, Seen, Wiesen und Wälder. Blaues Wasser, braune Erde und grünes Weidland wechselten in kurzweiliger Reihenfolge miteinander ab. Der liebe Gott aber war nicht ganz zufrieden. «Es muss noch etwas mehr Farbe hinein», dachte er. «Dann sieht alles viel freundlicher aus.» Er überlegte sich, wie er das machen könnte. So kam er schliesslich auf den Einfall, Blumen zu erschaffen. «Die werden den Menschen viel Freude bereiten», sagte er. Darum schuf er viele tausend Blumen in allen Farben, und einer jeden von ihnen gab er auch einen Namen.

Als alles fertig war, rief er seine Engel herbei und befahl ihnen: «Nehmt diese Blumen, tragt sie zur Erde hinunter und verteilt sie dort. Jede Blume soll ihren Platz bekommen.» So nahmen die Engel alle die schönen Blumen und flogen damit zur Erde. Dort gaben sie jeder Blume ihren Platz. Die Margerite und der Löwenzahn kamen auf die grüne Wiese, die Seerose auf den Weiher, Edelweiss, Enzian und Alpenrose auf die Berge und so weiter.

In den Garten aber brachte ein Engel die Rose, die Königin der Blumen, und dicht daneben setzte er die rote Mohnblume. Er fand es gut so. Die Mohnblume aber war mit ihrem Platz gar nicht zufrieden. Neidisch betrachtete sie die schöne, zarte Rose. So stolz sie auch auf ihr eigenes Kleid war, sie musste es doch zugeben: «Die Rose ist schöner!» Alle Menschen, die in den Garten kamen oder daran vorbeigingen, bewunderten die herrliche Rose. Von der Mohnblume, die doch auch recht hübsch aussah, sagte keiner etwas. Das ärgerte die Mohnblume sehr. Sie dachte: «Es ist nicht recht, dass ich gerade neben der Rose stehen muss. Sie stellt meine Schönheit in den Schatten. Die Menschen haben nur noch Augen für sie. Mich bewundert niemand.»

Lange überlegte sie sich, was sie tun könnte, um auch so bewundert zu werden wie die Rose. Als sie dann einmal

davon hörte, dass es auch ausserhalb des Gartens noch Blumen gebe, fiel ihr ein, sie könnte sich einen anderen Platz suchen. Sie tat es nicht sofort, weil sie wusste, dass es verboten war. Als aber wieder jemand die Rose so sehr lobte und ihr keinen Blick schenkte, da gab es kein Überlegen mehr. Mit einem Ruck löste sie sich vom Boden und spazierte zum Gartentor hinaus.
«He, halt! Was ist denn geschehen?» rief eine Nelke hinter ihr her. Die Mohnblume gab keine Antwort. Sie drehte sich nicht einmal nach der Nelke um. Wozu auch?
Sie ging über die Landstrasse und sonnte sich dabei, dass ihr Kleid aussah wie ein Feuer. «Jetzt muss mich jeder sehen und bewundern», dachte sie stolz. «Jetzt, wo es keine anderen Blumen neben mir gibt.» Es ging aber gerade gar niemand vorüber. Und so musste die Mohnblume sich selbst bewundern, weil kein anderer es tat.
Am Waldrand blieb sie stehen und sah zwischen den Bäumen hindurch in den Wald hinein. Sie fand es sehr schön. Da gab es ja fast keine Blumen. Bestimmt keine mit so bunten Kleidern, wie die Mohnblume eines hatte. Die Schneeglöckchen hielten sich bescheiden am Boden, und die Veilchen waren auch nicht gut zu sehen. «Hier würde ich so richtig auffallen», dachte die Mohnblume. «Vielleicht könnte ich sogar Königin sein. ‹Königin des Waldes›, das klingt sehr schön.» In diesem Augenblick versteckte sich die Sonne hinter einer Wolke. Vielleicht tat sie es mit Absicht, um die stolze Mohnblume zu ärgern. Der Wald wurde dunkel und sah recht unheimlich aus. Da dachte die Mohnblume schon wieder anders. Jetzt wollte sie plötzlich nicht mehr in den Wald. Bei dieser Finsternis konnte ihr rotes Kleid ja gar nicht mehr so herrlich leuchten. Auch würden sehr wenig Menschen vorbeikommen, um sie zu bewundern. Nein, nein, im Walde war es ihr viel zu einsam und zu langweilig. «Das ist auch nichts für mich!» sagte sie und ging weiter.
Nun kam sie zu einer Wiese. Das Gras duftete herrlich frisch

und hatte eine liebliche, zartgrüne Farbe. Und Sonne gab es da! Man wurde so recht von allen Seiten damit überschüttet. «Wunderbar!» rief die Mohnblume. Sie drehte sich nach allen Seiten und sah immer wieder auf ihr feuriges Kleid. Ja, sie tanzte sogar in der Wiese herum wie ein Flämmchen. Als sie dann vom vielen Tanzen etwas müde wurde, wollte sie sich mitten in die Wiese setzen, um dort zu bleiben. Doch was sah sie, als sie endlich stehen blieb? Sie sah nur kleine, einfache, bescheidene Blümchen. Die einen waren ganz gelb und hatten schmale, spitze Blättchen. Sie waren richtig struppig. Die anderen Blümchen hatten in der Mitte einen gelben Knopf und darum herum ein paar weisse, ebenfalls nach aussen zugespitzte Blätter. Es waren Löwenzahn und Margeriten.

«O, was für einfache Leute!» rief die Mohnblume und zuckte ganz herablassend die Achseln. «Unter diesen armen Blümchen soll ich leben? Das ist doch keine Gesellschaft für mich!» Sofort machte sie sich aus der schönen Wiese davon und ging weiter.

Sie lief jetzt sehr schnell und sah weder nach rechts noch nach links. Es ärgerte sie, dass es nirgends einen wirklich schönen und passenden Platz für sie gab.

Plötzlich stand sie mitten in einem Kornfeld. Sie bemerkte es erst, als jemand zu ihr sagte: «Verzeihung, wer sind Sie eigentlich? Ich habe Sie hier noch gar nie gesehen.»

Die Mohnblume sah sich erschrocken um. Es war die blaue Kornblume, die so zu ihr gesprochen hatte. Dann sagte sie stolz: «Ich bin die Mohnblume und komme direkt aus dem Garten, weil es mir dort nicht gefallen hat. Jetzt suche ich mir einen neuen Platz. Es kommt aber nur einer in Frage, der zu meinem schönen Kleid passt.»

«Ach so!» Das war alles, was die Kornblume zur Antwort gab.

Die Mohnblume aber hatte geglaubt, sie würde bewundert werden. Die Gleichgültigkeit der Kornblume ärgerte sie noch viel mehr als die Dunkelheit des Waldes und die Einfachheit der Wiesenblumen. Schon wollte sie wieder davonlaufen und sich ein besseres Plätzchen suchen. Da stand aber plötzlich der Engel vor ihr, der sie aus dem Himmel in den Garten hinuntergetragen hatte. Er hielt sie fest und rief dabei: «So, du kleiner Ausreisser, da haben wir dich endlich. Im Garten wolltest du nicht sein. Im Wald und auf der Wiese gefiel es dir auch nicht. Nun musst du hier bleiben, wo du gerade stehst. Wenn es dir nicht gefällt, so nimm es als Strafe für deinen Ungehorsam und deinen Stolz.» Weiter sagte der Engel nichts mehr. Die Mohnblume konnte sich nicht einmal entschuldigen. Seine Flügel hatten ihn schon wieder davongetragen, dem Himmel zu.

Die Mohnblume aber bemerkte nun, dass sie am Boden festsass. Sie konnte gar nicht mehr weitergehen. Da schämte sie sich. «Guten Abend», sagte sie freundlich zur Kornblume. «Wir werden jetzt immer beisammen sein. Ich bin froh, dass ich hier nicht allein sein muss.» Und sie nickte der anderen lächelnd zu.

Seit jenem Tag ist es immer so geblieben, dass die Mohnblume ihren Platz im Ährenfeld hat. Wenn du einmal über Land gehst, so denke an diese Geschichte. Du kannst die Mohnblume nicht übersehen. Ihr Kleid leuchtet noch immer mit dem gleichen Feuer wie damals, als sie im Garten stand und auf die Rose eifersüchtig war.

*

Der Flieder schweigt. Karin sieht in Gedanken die Mohnblume über die sonnige Landstrasse gehen. Ja, das kann sie sich gut vorstellen. Auch den übermütigen Tanz auf der Wiese. Und nun hat die Mohnblume ihren Platz auf dem Ährenfeld. Ob sie wohl damit zufrieden ist? Karin zweifelt daran.

Alle Blumen im Garten scheinen Karins Gedanken erraten zu können. Eine Glockenblume nickt ihr gleich zu und sagt: «Im Kornfeld wird sie von den Menschen viel mehr beachtet als hier im Garten. Wie sollte sie da nicht zufrieden sein? Und so schlecht ist die Mohnblume auch wieder nicht. Ich habe da eine Geschichte von ihr gehört, die beweist, dass sie auch ein gutes Herz hat. Eine Meise hat sie mir erzählt. Es ist die Geschichte

Vom Spatz und der Vogelscheuche

Du weisst doch, was eine Vogelscheuche ist? Wenn man das Wort hört, so denkt man an etwas Altes, Hässliches. Die meisten Vogelscheuchen, die du auf dem Lande siehst, sind ja nicht gerade schön. Man gibt ihnen die ältesten Kleider, die kein Mensch mehr tragen würde. Dazu noch einen alten verbeulten oder zerlöcherten Filzhut.

Aber die Vogelscheuche, von der meine Geschichte erzählt, war weder alt noch hässlich. Im Gegenteil, die war recht schön, ja sogar ein wenig vornehm. Ihr Kleid war aus schwarzer, steifer Seide, die rote Jacke mit vielen Rüschen verziert und ganz in die Taille geschnitten. Dazu trug sie einen wunderschönen, breitrandigen Strohhut mit einer Feder auf der Seite.

Diese prächtige Vogelscheuche stand mitten in einem grossen Weizenfeld, ganz in der Nähe der Mohnblume. Ihre Aufgabe war es, die Spatzen und anderen Vögel fernzuhalten. Denn die kamen immer wieder heran und versuchten, ein paar von den guten Weizenkörnern zu stehlen. Das war gar keine leichte Aufgabe. Die Spatzen sind ja bekanntlich ein ziemlich übermütiges Volk, das sich nichts befehlen lässt.

Da stand nun die Vogelscheuche unbeweglich, aber stramm wie ein Soldat, auf der Wache. Das schien auch wirklich etwas zu nützen. Kein einziges Vögelchen zeigte sich in der Nähe – nicht einmal ein Spatz. «Aha», dachte die Vogelscheuche, «sie haben also doch Angst vor mir, die dummen Tiere. Das möchte ich ihnen auch geraten haben.» Aber im stillen freute sie sich schon darauf, einem solchen Dieb ihre Meinung zu sagen.

Doch da stand sie und wartete, liess die Sonne auf ihren schönen Hut herunterbrennen und schwitzte. Es geschah gar nichts. Kein lebendes Wesen zeigte sich in ihrer Nähe. Nicht einmal die vorübergehenden Bauernmädchen und Mägde blieben stehen, um ihre schönen Kleider und den Hut mit der grossen Feder zu bewundern. Da wurde es der Armen schrecklich langweilig. Immer nur so dastehen, nichts tun können und dabei noch schwitzen müssen, das ist wirklich nicht angenehm. «Wenn nur endlich der Abend käme», sagte die Vogelscheuche zu sich selbst und liess ein leises Ächzen vernehmen. Sie war recht müde und hätte gerne ein wenig geschlafen. Aber die Sonne brannte so unbarmherzig auf sie herunter, dass es einfach unmöglich war, ein kleines Nickerchen zu machen.

Endlich aber wurde es doch noch dunkel und auch ein wenig kühler. Der leichte Abendwind fuhr mit sanfter Hand über die hochgewachsenen Ähren. Sie beugten sich darum ein wenig, als ob sie sich vor ihm verneigen wollten. Auch der guten Vogelscheuche gab er etwas von seinem kühlen Atem, damit sie sich erfrische. «Wie angenehm!» sagte sie und schloss zufrieden die Augen. Da schlief sie schon ein. Sie begann zu träumen. Es war ein wunderschöner Traum. Sie sah ein ganzes Heer von Spatzen in ihr Getreidefeld kommen und sie jagte sie alle wieder hinaus. O, die hatten aber Respekt vor ihr!

Plötzlich schreckte die Vogelscheuche aus ihren Träumen auf. Ganz dicht vor ihr hatte nämlich etwas geraschelt. Sie rieb sich die verschlafenen Augen und sah mit scharfem Blick in die Dunkelheit hinein. Und was bemerkte sie da? Es war eine kleine, schwarze Gestalt, die sich eifrig damit beschäftigte, die guten Weizenkörner aus den Schalen herauszupikken.

Die Vogelscheuche vergass in diesem Moment Schlaf und Traum und rief den Spatz, denn ein solcher war es, wütend an: «So eine Gemeinheit!» sagte sie. «Das ist Dieberei! Eine Schande ist das! Mitten in der Nacht schleicht man sich heran. So frech kann nur ein Spatz sein. Warum kommst du denn nicht bei Tag, wenn die Sonne scheint? Du fürchtest dich vor mir, nicht wahr? So mitten in der Nacht, wenn anständige Leute schlafen, stiehlst du. Das ist feige!»

«Pah», meinte der kleine Spatz, «rede doch keinen Unsinn. Wegen der paar Körner macht man nicht so ein Geschrei.»

«Meinst du?» sagte die Vogelscheuche. «Ein paar Körner sind ein paar Körner, und gestohlen bleibt gestohlen.» Der kleine Dieb lachte. «Tu doch nicht so, als ob du etwas Besonderes wärst. Vor dir fürchte ich mich nicht, alte Vogelscheuche!»
Die wirklich schöne Vogelscheuche wurde nun richtig böse. Das, was der Spatz da gesagt hatte, war ja direkt eine Beleidigung. Und sie sollte sich das gefallen lassen? Nein, das wollte sie doch nicht. Sie machte ein ganz ernstes und gescheites Gesicht und sagte zum kleinen Dieb: «Sprich das Wort Vogelscheuche bitte mit mehr Respekt aus. Ich weiss nicht, was dir an mir nicht gefällt. Ich bin doch schön. Und alt bin ich auch nicht. Überhaupt sind wir Vogelscheuchen recht ehrbare Leute. Wir arbeiten Tag und Nacht für die Menschen. Wir hüten ihr Brot, indem wir hier Wache stehen. Das ist ein ehrenhaftes Amt. Aber davon verstehst du nichts, du frecher Spatz!»
Wieder lachte der kleine Dieb. Deshalb sah er den Bauer nicht, der am Wegrand stand und das Gewehr von der Schulter nahm. Er sah nur auf die Vogelscheuche und hatte dabei seinen Spass, weil sie sich so ärgerte.
Plötzlich unterbrach ein lauter Knall die Stille. «Oh!» rief da der kleine Frechdachs und fiel zu Boden, gerade zu Füssen der Vogelscheuche, die er gerade noch verspottet hatte. Da blieb er liegen und tat keinen Seufzer mehr. Er war tot. «Den hab ich erwischt!» bemerkte der Bauer und setzte mit zufriedener Miene seinen Weg fort.
Die Mohnblume hatte das alles mitangehört. Sie war sehr neugierig, was die Vogelscheuche nun tun würde. Der kleine Spatz tat ihr leid, und sie sagte es auch.
Die Vogelscheuche lachte ganz vergnügt vor sich hin, gerade so, als ob man ihr eben eine lustige Geschichte erzählt hätte.
«Der hat seinen Tod verdient», sagte sie zur Mohnblume. «Verspottet hat er mich. ‹Alte Vogelscheuche› hat er mich genannt.»

Die Mohnblume gab keine Antwort. «Eine Vogelscheuche hat wahrscheinlich kein Herz», dachte sie. Und so blieben sie beide in ihre Gedanken versunken, bis der Sandmann übers Land ging und auch ihre Augen schloss.
Der neue Tag kam. Schon als es dämmerte und die Sonne noch nicht über den nahen Waldrand auf das Feld hinaussehen konnte, erwachte die Mohnblume. Ihr erster Gedanke galt dem armen kleinen Spatz. Sie sah zur Vogelscheuche hin. Die lag noch in süssem Schlummer. Zu ihren Füssen lag der erschossene Vogel. Der schlief auch. Aber es war ein sehr tiefer Schlaf, aus dem er nie mehr aufwachen konnte. Je heller der Himmel wurde, desto trauriger erschien der Mohnblume das tote Tier. «Ob die Vogelscheuche wohl noch immer darüber lachen wird?» dachte sie. Dann würde ihr die Mohnblume aber ganz tüchtig ihre Meinung sagen. Das stand einmal fest. Sie beobachtete die schlafende Vogelscheuche und wartete. Endlich wachte diese auf. Neugierig sah sie sich um. Den Tod des kleinen Diebes schien sie vergessen zu haben.

Ganz plötzlich aber beugte sie sich vor und blickte zur Erde hinunter.

«Wehe, wenn sie wieder lacht!» dachte die Mohnblume. Doch die Vogelscheuche war plötzlich wie ausgewechselt. In ihren Augen sah die Mohnblume ein grosses Mitleid und ihr Gesicht verzog sich wie im Schmerz. «Armer kleiner Spatz!» sagte sie. «Da liegst du nun zu meinen Füssen und kannst nie mehr lachen und so herzlich frech sein. Ich wollte, du lebtest noch! Dann dürftest du mir auch wieder ‹alte Vogelscheuche› sagen. Ich wäre dir gar nicht mehr böse deswegen. Doch das ist nun aus.»

Die Vogelscheuche weinte. Ihre Tränen flossen wie zwei kleine Bächlein über die blassen Wangen und fielen auf den toten Spatz. Die Mohnblume aber begann nun ebenfalls zu weinen.

«Nie mehr werde ich mich meines Lebens freuen», sagte die

Vogelscheuche. Da hörte die Mohnblume auf zu weinen und sprach ihr Trost zu.
Die Sonne stieg höher und beleuchtete das Feld. Sie lachte der Vogelscheuche recht aufmunternd entgegen und trocknete ihr die Tränen. Mit diesem ersten Sonnenstrahl kam plötzlich wieder ein Spatz. Er war auch lustig, pfiff etwas vor sich hin und pickte dazwischen nach einem Körnchen. Dann entdeckte er die Vogelscheuche. Was würde sie zu seinem Raub sagen?
Gar nichts sagte sie. Mit schelmischem Lächeln nickte sie ihm zu. Er pickte weiter an seiner Ähre herum. «Gib acht, dass dich der Bauer nicht erwischt!» rief jetzt die Vogelscheuche. «Und wenn du fertig bist mit Essen, dann nimm deinen armen kleinen Kameraden mit, der hier zu meinen Füssen liegt, um ihn anständig zu begraben. Er war so herzlich nett. Ich werde ihn nie vergessen.»

*

«Ja, ja, so war's!» ruft da jemand vom Gartenzaun her. Alle sehen hin und staunen. Da hat wahrhaftig die Mohnblume ihren Kopf in den Garten hineingestreckt.
«Ja, was sieht man denn da?» staunt eine Nelke. «Die Mohnblume im Garten? Da gehörst du doch gar nicht mehr hin. Du darfst doch dein Ährenfeld nicht verlassen, das weisst du ganz genau.»
«O, es ist nur für eine kurze Zeit. Ich wollte bloss wieder einmal sehen, wie es im Garten ist.»
«Aha, es tut dir also doch leid, dass du damals davongelaufen bist.»
«Nein, natürlich nicht!» ruft die Mohnblume. «Im Ährenfeld sieht man mich so gut. Ich leuchte weit über das Land hinaus, sagen die Leute. Das ist schön. Aber ich höre, ihr habt dem Mädchen meine Geschichte erzählt. Glaubst du auch, dass ich stolz bin und kein Herz habe, liebes Mädchen?»

Karin schüttelt den Kopf. «Nein, ich weiss jetzt, dass du ein Herz hast und sogar weinen kannst. Das war aber auch eine traurige Geschichte vom kleinen Spatz. Ich hätte sicher auch weinen müssen.»

«Und mit dem Stolzsein ist es gar nicht so schlimm», fährt die Mohnblume fort. «Es gibt noch andere Blumen, die auch nicht immer zufrieden waren. Zum Beispiel ist eine davon hier im Garten.»

Karin sieht sich um. Von wem mag die Mohnblume wohl sprechen?

«Ich dachte schon, dass du es nicht erraten kannst», meint sie. «Aber ich will es dir sagen: es ist die Sonnenblume.»

Karin staunt. Die Sonnenblume soll stolz und unzufrieden sein? Das kann sie nicht glauben. Sie findet sie eher bescheiden, trotz ihrer Grösse.

Auch die Nelke ist mit der Mohnblume nicht einverstanden. Sie schaut fast etwas böse zum Gartenzaun, wo die Mohnblume steht, und ruft energisch: «Nein, die Sonnenblume ist nicht stolz!»

«Aber sie war doch einmal ein ganz kleines Blümchen, das man kaum sehen konnte. Erinnerst du dich gar nicht mehr daran, liebe Nelke? Und dann, eines Tages, war ihr das nicht mehr gut genug. Sie reckte sich und streckte ihren Kopf in die Höhe. Sie zehrte alles auf, was ihr der gute Boden geben konnte, bis sie grösser war als wir alle. Das tat sie nur, damit sie auf uns andere herabsehen kann.»

«Ach, Unsinn», meint die Nelke verärgert.

«Doch, so war es wirklich. Ich werde sie dir ganz genau erzählen, diese dumme Geschichte.»

«Nein», ruft wieder die Nelke, «es ist besser, ich erzähle dem Mädchen die Geschichte. Und ich sage es so, wie es sich wirklich zugetragen hat.»

«Macht, was ihr wollt. Ich rede keinen Ton mehr», sagt die Mohnblume ein wenig beleidigt. So beginnt wieder die Nelke zu reden und erzählt

Die Geschichte der Sonnenblume

Es war einmal ein ganz kleines, einfaches Blümchen. Auf seinem kurzen, dünnen Stiel trug es kleine, braune Kernchen, die bildeten ein lustiges rundes Polster. Um dieses herum hatte es einen hübschen Kranz von gelben Blättchen. Sie waren länglich und endeten in einer feinen Spitze. Das Blümchen war recht nett anzusehen. Leider wurde es aber von niemandem bemerkt, denn es wuchs nicht weit über den Boden hinaus; nur gerade so viel, dass es über das Gras hinaussehen und vom Himmel her ein paar Sonnenstrahlen erhaschen konnte. Von den Menschen wusste es genauso wenig wie sie von ihm. Sie übersahen es, weil es so winzig klein war. Doch das machte ihm nicht viel aus. Es war bescheiden und mit seinem Platz zufrieden. Das hatte auch sein Gutes; denn wäre es so gross und so schön gewesen wie die Rose oder die Lilie, dann hätten es die Menschen grausam aus dem Boden gerissen und zu Tode welken lassen, wie sie es bei allen schönen Blumen taten. Nein, unser kleines Blümchen konnte ruhig sein. Diese Gefahr drohte ihm nicht. Aber es gab doch etwas, das ihm nicht so recht gefiel. Es wollte mehr Sonne haben. Es liebte die Sonne mit ihren hellen, warmen Strahlen so sehr, dass es sich nie genug an ihr sattsehen und an ihren Strahlen erwärmen konnte.

Schon ganz früh am Morgen, noch ehe der Mond verschwand, erwachte das Blümchen aus seinem Schlaf und wartete mit Sehnsucht auf den Augenblick, in dem die Sonne ihre ersten Strahlen zur Erde sandte. Dann winkte es ihr fröhlich seinen Gruss zu, lachte und freute sich seines Lebens.

«Grüsst mir die Sonne!» rief es den bunten Schmetterlingen zu, wenn sie an ihm vorbeiflogen. «Grüss mir die Sonne!» sagte es jedem Bienchen, das bei ihm zu Gast war, und dachte gar nicht daran, dass seine gelben Blättchen selbst aussahen wie kleine, goldene Sonnenstrahlen.
In seiner Sehnsucht nach der Sonne und ihren wärmenden Strahlen reckte sich das Blümchen mit aller Kraft nach oben.

Es sog immer mehr Nahrung aus dem Boden heraus und siehe da, es begann zu wachsen. Eines Tages bemerkte die Nelke, dass es schon so gross geworden war wie sie. «Du wirst ja ein Riese», sagte die Nelke ganz erschrocken. «Das geht doch nicht an! Zieh dich bitte sofort zurück! Wenn das jemand sieht! Du bist als kleines Blümchen vom lieben Gott hierher gesetzt worden, da musst du auch ein kleines Blümchen bleiben. Das ist ja der reinste Grössenwahn! Was fällt dir nur ein, von einem Tag auf den anderen so mir nichts dir nichts grösser zu werden!»

Das unglückliche Blümchen antwortete ganz verschüchtert: «Ich wollte ja gar nicht gross werden. Ich habe mich nur so nach der lieben, warmen Sonne gesehnt und meine Glieder ein wenig nach ihr ausgestreckt, damit ich sie besser sehen und fühlen kann. Ich will doch gar nicht wachsen.»

«Warum tust du es dann?» lachte die Nelke ein wenig boshaft. – «Ich weiss nicht, ich glaube, die Erde ist daran schuld. Sie kräftigt mich so sehr.»

Die Nelke sagte nichts mehr. Sie dachte schon wieder an etwas anderes. Ein Tag verging, noch einer und wieder einer. Das gelbe Blümchen streckte sich jeden Tag sehnsüchtig der warmen Sommersonne entgegen. Es wollte nicht wachsen, o nein! Es wollte nur die glänzenden warmen Sonnenstrahlen so recht geniessen. Aber dennoch wurde es mit jedem Tag ein wenig grösser. Es hatte nun schon die Höhe der Schwertlilie erreicht. Die anderen Blumen im Garten sahen dies mit Staunen. «Ei, warum so hoch hinaus, kleines Blümchen,» erkundigte sich die Schwertlilie.

«Sie hat den Verstand verloren!» rief die Nelke. Da nickte auch die Rose. «Und dabei hat sie ja nicht einmal einen Namen!»

«Es ist eine Schande, so gross zu sein und keinen Namen zu haben!» rief eine Gladiole. «Wir sollten sie aus unserem Garten hinausjagen.»

«Ja», riefen alle anderen nun. «Wir sind auch dafür, dass sie

den Garten verlassen muss, denn wir wollen sie nicht mehr unter uns haben.»
«Aber ich kann doch gar nichts dafür», sagte traurig das gelbe Blümchen. «Bitte, schickt mich nicht fort. Ich will mir Mühe geben, nicht mehr zu wachsen. Ich wollte, ich wäre wieder so klein wie früher.»
Die Blumen lachten alle, aber sie sagten nichts mehr. Man würde ja sehen, wie es weiterging. Die gelbe Blume senkte ihr Köpfchen und weinte. Sie wollte nicht einmal mehr zur Sonne hinaufsehen. «Wenn ich nur wieder so klein werden könnte, wie ich einst war, um mich im Grase zu verstecken», dachte sie. Aber dieser Wunsch konnte ihr nicht mehr erfüllt werden. Im Gegenteil, als sie nach langem, tiefem Schlaf am anderen Morgen erwachte, da bemerkte sie mit Schrecken, dass sie noch um ein Bedeutendes an Grösse zugenommen hatte. Und sie wuchs immer weiter, jeden Tag, bis sie alle anderen Blumen im Garten weit überragte. Aber nicht nur die Blumen, nein, sogar noch fast alle Sträucher.
«Da hast du deine Strafe!» sagten die anderen. «Du wolltest grösser sein als wir; nun bist du zu einem lächerlichen Riesen geworden.»
«Und zur Sonne kommst du doch nicht», bemerkte jemand. «Oder willst du gar noch in den Himmel hineinwachsen?»
Sie lachten alle, die schönen Blumen. Ja, so konnte es gehen, wenn man mit dem, was man vom lieben Gott bekommen hatte, nicht zufrieden war. Das gelbe Blümchen aber, das nun eine grosse Blume geworden war, sah flehend zur Sonne hinauf, als ob die helfen könne. Die Sonne nickte ihr tröstend zu, und die Blume schlief endlich beruhigt ein.
Beim Erwachen bemerkte sie mit Freude und Staunen, dass sie diesmal an Grösse nicht mehr zugenommen hatte. Sie atmete erleichtert auf. Ob das dumme Wachsen wohl jetzt ein Ende haben würde? Sie wagte es noch nicht so recht, daran zu glauben.
Ein paar Tage gingen wieder vorbei, und wirklich: sie wuchs

nicht mehr. Das beruhigte sie, und sie gewöhnte sich nun ganz gut an ihre Grösse. Auch die anderen Blumen im Garten hatten sich damit ausgesöhnt. Sie wurde nämlich nicht hinausgejagt, wie man ihr angedroht hatte. Manchmal lachten die anderen Blumen noch ein wenig über die «Riesin»; aber es war nicht schlimm und tat der gelben Blume auch nicht mehr weh.

Es kam ein prächtiger Sommertag. Der Garten leuchtete mit seinen bunten Blumen und sah aus wie ein kleines Stück vom Paradies. Sonntäglich gekleidete Menschen gingen daran vorbei. Sie sahen mit strahlenden Augen hinein in diese Pracht, freuten sich ihres Lebens und darüber, dass die Erde so schöne Dinge hervorbringen konnte. Und dieser Tag sollte für die namenlose gelbe Blume ein besonders glücklicher werden.

Ein Mann kam beim Garten vorbei, und neben ihm her ging ein kleiner Bub. Der sah bewundernd zu der gelben Blume auf, die soviel grösser war als er selbst, und sagte: «Ist das aber eine grosse Blume. Was ist das für eine Blume?»

«Das ist eine Sonnenblume», erklärte der Mann dem Knaben.

«Und warum ist das eine Sonnenblume?» wollte der wieder wissen. Der Mann nahm den kleinen Jungen auf seinen Arm, so dass er nun die Blume genau ansehen konnte. «Siehst du den schönen Kranz von gelben Blättchen? Sieht er nicht aus wie die Strahlen der Sonne? Darum nennt man die Blume ‹Sonnenblume›, weil sie selbst eine kleine Sonne ist. Auch ist sie von allen Blumen im Garten der Sonne am nächsten.»

Der kleine Bub nickte zufrieden. Sein Vater liess ihn wieder auf den Boden gleiten und sie gingen weiter, Hand in Hand, der grosse und der kleine Mann.

Die gelbe Blume aber sah ihnen nach und freute sich. «Sonnenblume!» Sie war selbst eine kleine Sonne! Wenn die Menschen es sagten, musste es wohl so sein. Nun hatte sie doch auch einen Namen wie die anderen. Sie sah sich neugie-

rig um, was wohl die anderen Blumen dazu sagen würden. Die nickten ihr zu und freuten sich mit. Es war doch schön, dass die Grösste unter ihnen endlich nicht mehr ohne Namen sein musste.
Sie lächeln noch heute darüber, die Blumen in den Gärten; besonders die Sonnenblume. Und die Sonne freut sich auch und lacht mit.

*

«So ist die Sonnenblume zu ihrer Grösse und ihrem ungewöhnlichen Namen gekommen», sagt die Nelke, als ihre Geschichte zu Ende ist. «Du siehst, liebes Mädchen, es war ganz einfach die Sehnsucht nach den warmen Sonnenstrahlen, die sie so gross werden liess. Stolz ist sie gar nicht.»
«Ich hab die Sonne auch sehr gern», erklärt Karin, «aber ich wachse gar nicht so schnell, wie ich möchte. Ich bin immer noch klein.»
«Das gibt sich schon noch mit den Jahren», tröstet sie der Holunderstrauch.
Jetzt mischt sich die Pfingstrose ins Gespräch ein. «Du darfst aber nicht glauben, dass wir Blumen alle so unzufrieden sind und uns immer streiten», sagt sie. «Wir haben eben alle unsere grossen und kleinen Wünsche, genauso wie du. Wünschen darf man immer, da ist nichts Böses dabei. Nur bekommt man nicht immer all das, was man gerne haben möchte. Dir geht es doch auch so, nicht wahr?»
«Ja», sagt Karin und nickt der Pfingstrose zu. «Ich wünsche mir oft etwas. Manchmal bekomme ich es auch – aber nicht immer. Wenn mein Vater findet, es sei nicht nötig oder nicht gut für mich, dann sagt er ‹nein›.»
«Siehst du!» Die Pfingstrose denkt ein wenig nach. «Es gibt einige Geschichten von Blumen und Pflanzen, die einmal einen grossen Wunsch hatten. Eine der schönsten ist aber

wohl die, die ich dir jetzt erzählen möchte. Es geht um einen Strauch, der ganz ohne Blumen und Blüten war und sich deswegen schämte. Der Arme musste auch sehr lange warten, bis sein Wunsch in Erfüllung ging. Es ist ein Strauch, der hier im Garten steht. Du magst dich umsehen, soviel du willst, erraten kannst du sicher nicht, wen ich meine. Also du sollst sie erfahren,

Die Geschichte vom Flieder

Viele Menschen glauben, dass wir Blumen und Sträucher im Winter nicht leben. Sie halten uns für tot, nur weil uns der Herbst unseres Schmuckes beraubt hat. Andere wieder behaupten, wir würden in einen tiefen Schlaf versinken, bis uns der Frühling das neue Kleid überzieht und uns damit aufweckt. Sie irren sich aber gewaltig, diese Menschen. Hast du noch nie einen Baum oder Strauch ächzen hören unter der Last des hart gewordenen Schnees? Vernahmst du nie das zarte Singen der Sträucher, wenn der Winterwind seinen Spass mit ihnen trieb und so recht herzhaft über sie hingefahren ist? Die Spatzen oder die Raben solltest du fragen! Sie sind auch im Winter unsere lieben Gäste. Die werden dir schon sagen, dass wir nicht schlafen wie die Murmeltiere. Wir sind nur ein wenig ruhiger in der rauhen Jahreszeit. Etwas nachdenklicher, sollte ich sagen. Einige von uns werden sogar traurig und lebensmüde. Aber das gibt sich wieder, wenn erst der Februar kommt und die Sonne wieder etwas mehr Kraft auf die Erde hinunterschickt. Warme Sonnenstrahlen machen Mut und schenken Lebensfreude. Das soll ja auch bei euch Menschen so sein.

Doch ich will auf meine Geschichte zurückkommen. Da war einmal irgendwo ein Garten, der sah fast genau so aus wie dieser hier. Es stand auch ein Haus in seiner Mitte und darin wohnten gute Menschen. Sie liebten und pflegten ihre Blumen. In der warmen Jahreszeit setzten sie sich mitten unter sie und waren in ihren Herzen dankbar dafür, dass sie es tun durften. Die Bäume und Sträucher waren ihre guten Freunde, und sie scheuten sich sogar nicht, ihnen alle ihre Geheimnisse anzuvertrauen. Das gab eine schöne Kameradschaft zwischen ihnen.

Aber einmal geschah es, dass ein kleines Mädchen ganz ohne es zu wollen einem grossen, grünen Strauch weh tat. Es geschah wirklich ohne böse Absicht, nur durch ein paar Worte, die es so schnell sagte und sich nichts dabei dachte. Weisst du, was es zu ihm sagte? Es hatte alle die schönen,

bunten Blumen im Garten bewundert und auch die Blüten an den Bäumen. Da fiel ihm plötzlich auf, dass dieser Strauch nur seine grünen Blätter besass, sonst nichts. Mit aufrichtigem Bedauern sagte es deshalb zu ihm: «Schade, dass du nur grün bist und gar keine Blumen hast. Sogar die Bäume haben weisse und rosarote Blüten. Nur du hast gar nichts. Schade!»
Der Strauch blieb stumm. Er dachte an jene Zeit zurück, da er sich im Paradies einen Blumenschmuck hätte aussuchen sollen und nicht gewusst hatte, welchen er wählen wollte. Da hatte er zum Schluss gar keinen bekommen. Bis zu diesem Tag war er sich aber deswegen nicht etwa arm oder verstossen vorgekommen. Doch nun, da es ihm ein Mensch sagte, begann er, sich seiner Armut zu schämen und wurde traurig. Nachdenklich sah er sich um. Ja, er war wirklich der einzige im Garten, der keinen Schmuck hatte. Sollte er dem kleinen Mädchen erklären, warum das so war? Nein, das wollte er nicht. «Warum», dachte er bei sich, «habe ich es nur bis heute nie bemerkt, wie armselig ich bin neben all den anderen hier im Garten? Wer weiss, ob sie mich nicht sogar heimlich auslachen?»
Der Strauch quälte sich nun immer wieder mit solchen Gedanken. Kam eine Amsel oder ein Spatz zu ihm auf Besuch, stellte er sich schlafend. Er dachte immer: «Die machen sich doch nur lustig über mich.» Die schönen, bunten Schmetterlinge freuten ihn auch nicht, weil er glaubte, dass sie ihn nicht leiden mochten. Zuletzt kam kein lebendes Wesen mehr zu ihm. Er wurde immer einsamer und von Tag zu Tag trauriger.
So verging der Sommer, der für ihn zum erstenmal freudlos gewesen war. Der Herbst kam und nahm den Bäumen und Sträuchern ihre bunten Kleider. Er gab sie dem Wind, der sich einen Spass daraus machte, mit ihnen sein loses Spiel zu treiben und sie da- und dorthin zu zerstreuen. Jetzt atmete der unglückliche Strauch ein wenig auf. Nun konnte ihm keiner mehr seine Armut vorwerfen; denn niemand hatte noch

farbige Blumen oder Blüten. Alles ringsum war kahl, genau so wie er. Da gab es nur eine Ausnahme im Garten, und die bildeten die schönen Tannen mit ihren grünen Nadeln. «Aber sie haben ja auch nur diese!» dachte der Strauch. Ah, jetzt fiel ihm etwas ein. Er war ja gar nicht der einzige im Garten, der keine Blüten und keine Blumen hatte. Den Tannen ging es genauso. Was brauchte er sich da noch zu schämen. Die Tannen waren auch nicht besser und reicher als er. Dieser Gedanke machte den Strauch wieder etwas zufriedener. Dann kam der Winter. Er gab den Bäumen und Sträuchern einen neuen Schmuck – einen herrlich weissen, glitzernden. «Nun sind wir alle schön», stellte der Strauch mit grosser Zufriedenheit fest. Fast glücklich sah er sich nach allen Seiten um. Doch was geschah dort, in der Ecke des Gartens? Da grub der Besitzer des Hauses eine der kleinen Tannen aus und trug sie fort. Warum nur? Fand er sie vielleicht unnütz, weil sie keine Blüten oder Blumen bekam? Wollte der Herr alle diese schmucklosen Bäume entfernen? Dann musste wohl auch er an die Reihe kommen. Der Strauch wurde von neuem traurig und dachte nur noch ans Sterben. Jetzt würde es wohl bald zu Ende gehen mit ihm. Der Herr kam aber kein zweites Mal, um auch die anderen Tannen fortzunehmen. Alles blieb, wie es war. Der Strauch wunderte sich darüber und dachte: «Wenn ich nur wüsste, warum der Mann die kleine Tanne geholt hat und was aus ihr geworden ist.» Er sollte es bald erfahren.
Es war eine sehr kalte Nacht. Der Schnee auf den Ästen der Bäume und Sträucher war hart und schwer. Der Himmel hatte eine merkwürdige, graublaue Farbe, in die der silberweisse Mond mit seinem leuchtenden Glanz noch einen besonderen Ton gab. Eine feierliche Stille herrschte ringsum. Man fühlte, es lag etwas Besonderes in der Luft. Woher mochte das kommen? Aus dem Hause drang ein lieblicher Gesang in die Finsternis des Gartens. Der Strauch spähte

nach dem einzigen erleuchteten Fenster. Hinter diesem schien etwas zu geschehen, das anders war als an den anderen Abenden. Er sah noch genauer hin. Jetzt erkannte er das Zimmer, die Menschen darin, und dort – war dies möglich? – den kleinen Tannenbaum aus dem Garten. Er stand in einer Ecke am Boden. Und wie er sich verändert hatte! Er trug schöne silberne Kugeln und – das war die grösste Überraschung für den Strauch – auf allen Ästen glühte etwas Goldenes. «Welch ein Schmuck!» flüsterte der Strauch vor sich hin. Er konnte sich nicht genug darüber wundern. «Wie mag wohl die kleine Tanne zu solchen Ehren gekommen sein?» überlegte er sich. Sie war doch eine ganz gewöhnliche Tanne, wie die anderen, die noch im Garten standen. Warum hatte der Besitzer sie geholt und derart königlich geschmückt?

Immer und immer wieder musste der Strauch zum Fenster hineinsehen. Es liess ihm keine Ruhe. Er sah, wie sich die beiden Kinder vor die Tanne stellten und sie mit grossen, strahlenden Augen bewunderten. Es griff ihm eiskalt ans Herz. Ihn würde nie jemand so ansehen; denn er besass ja gar nichts, das man hätte bestaunen können. Und der arme Strauch seufzte so laut, dass man es im ganzen Garten vernehmen konnte.

Da stand plötzlich, wie aus dem Nichts hervorgezaubert, ein kleiner Engel vor ihm. «Warum bist du heute so traurig?» sagte er mit seiner feinen, lieblichen Stimme. «Heute ist die heilige Christnacht, Weihnachten, ein Fest der Liebe und der Freude. Da darf niemand auf der ganzen Welt traurig sein – auch du nicht. Sprich, was ist dir geschehen? Vielleicht kann ich dir helfen.»

Der Strauch verneigte sich ein wenig vor dem kleinen Boten des Himmels, als er sagte: «Einmal, es war im letzten Sommer, da hat mir ein kleines Mädchen meine Armut vorgehalten. Es sagte: ‹Alle anderen hier im Garten tragen einen Schmuck – Blüten oder Blumen –, nur du nicht.› Das hat mir sehr weh getan. Ich bin ja selbst schuld an diesem Unglück.

Als ich mir im Paradies etwas wählen sollte, da fiel mir die Wahl so schwer. Ich konnte mich für keine Blume entscheiden. Sie waren ja alle sehr schön. Darum bin ich halt ohne Schmuck geblieben. Nie habe ich mir darüber Gedanken gemacht, bis das kleine Mädchen dort im Haus mir jene Worte sagte. Seither kann ich mich meines Lebens gar nicht mehr freuen. Als der Herbst kam und mit der Kälte auch die Blumen verschwanden, sah ich plötzlich ein, dass ich nicht allein ohne Blumen und Blüten sein muss. Auch die Tannen haben ja nur ihre grünen Nadeln. Das tröstete mich wieder. Aber heute, in dieser Nacht, ist etwas Neues geschehen. Die Tannen sind plötzlich zu grossen Ehren gekommen. Sieh nur dort zum Fenster hinein. Die kleine Tanne, die unser Herr sich aus dem Garten geholt hat, trägt nun silbernen und goldenen Schmuck. Sie steht da wie eine Königin und alle freuen sich über sie. Nun bin ich doch der einzige im Garten, den die Menschen nicht lieben. Das ist mehr als traurig.»
Der liebliche kleine Engel, der den Strauch mitleidig angehört hatte, dachte nach. «Dass du mir gerade heute dein Leid klagst, ist gut für dich. Du musst nämlich wissen, dass in der heiligen Nacht jeder einen Wunsch haben darf – also auch du. Wünsche dir darum einen Blumenschmuck und du wirst ihn bekommen.»
«Ist das möglich?» rief der arme Strauch begeistert aus. «Ich darf wirklich das haben, was ich mir wünsche?»
«Gewiss, sprich deinen Wunsch aus. Was für einen Schmuck möchtest du denn haben?»
Der Strauch überlegte sich in seiner grossen Freude gar nicht viel, sondern er rief gleich aus: «Dann will ich den goldenen Schmuck haben, wie ihn jetzt die kleine Tanne dort in der Stube trägt. Er sieht aus wie die Sterne vom Himmel. Etwas so Schönes habe ich noch nie gesehen. Ich glaube, ich werde der Schönste sein.»
«Du hast dir deinen Wunsch nicht gut überlegt», sagte der Engel. «Was die kleine Tanne jetzt trägt, das sind alles

Feuerchen. Sie sind sehr heiss und würden dich verbrennen.»
«Was eine Tanne vertragen kann, das kann ich doch sicher auch», meinte der Strauch. «Bitte lass mich solche kleinen Feuerchen tragen. Ich werde bestimmt nicht daran sterben. Wenn es die Tanne aushält!»
«Auch sie wird daran sterben», sagte der Engel mit ernster Miene. In seiner Stimme lag etwas wie eine geheime Warnung. Sie brachte den Strauch dazu, sich den Wunsch besser zu überlegen. Was sollte er sich denn für einen Schmuck wünschen? Es fiel ihm gar nichts Schönes ein.
Der Engel sah schon, dass der Strauch nicht wusste, was er eigentlich wollte. Er betrachtete ihn lange und überlegte. Und dazwischen sah er wieder auf den geschmückten Tannenbaum in der Stube. Plötzlich strahlte sein Gesichtchen. Er hatte gefunden, was er suchte. «Du sollst einen besonders schönen Schmuck bekommen», sagte er und lächelte dabei zufrieden. «Es werden Blumen sein, die fast wie Blüten aussehen, und jede Blume soll die Form einer kleinen Tanne haben.»
«O, das wird aber schön sein!» rief der Strauch begeistert aus. Er wollte sich gleich bedanken. Aber der kleine Engel war schon wieder davongeflogen, zu jemand anderem, der auch traurig war und einen unerfüllten Wunsch im Herzen trug.
Die heilige Nacht ging vorbei. Auch der Winter ging vorbei und der Frühling zog ins Land ein. Im Garten regte es sich. Die ersten Veilchen und Schneeglöckchen guckten übermütig in die Welt hinaus. Die Bäume und Sträucher hatten ganz zarte, hellgrüne Blätter. Sie sahen aus wie frisch gewaschen. Unser Strauch zitterte zwischen Angst und Freude. Würde er nun seinen Schmuck bekommen, den ihm der Engel in der heiligen Nacht versprochen hatte? Und wie mochte er damit aussehen? «Sicher sehr schön», tröstete er sich selber. Er fühlte eine Kraft in sich, wie er sie noch nie besessen hatte. «Ob es wohl die Blumen sind, die das ausmachen?»

Ja, es waren die Blumen. Eines Morgens entdeckte sie der Strauch. Es waren erst kleine, grüne Knospen, immer eine ganze Anzahl beisammen. Sie bildeten jeweils die Form eines Tannenbäumchens. Und es gab gleich ein paar dieser Tannenbäumchen an jedem Ast. Der Strauch war überglücklich. «Dank! Viel tausendmal Dank!» rief er zum Himmel hinauf, als ob der kleine Engel gerade über ihm wäre.

Die Tage wurden wärmer. Die Knospen am Strauch öffneten sich und liessen die zarten Blüten heraustreten. Welch ein Wunder! Der ganze Garten staunte über die Schönheit dieser Blumen. Der Strauch wurde von allen Seiten bewundert. Er konnte gar nicht aufhören, sich dafür zu bedanken. Seine Freude nahm fast kein Ende.

Eine Biene kam. «Wie süss das riecht!» sagte sie. – «Einfach wundervoll!» rief ein schöner Schmetterling, der gerade vorbeiflog. Eine Amsel setzte sich auf den Strauch und erzählte ihm etwas Lustiges. Er lachte. Endlich, nach so langer Zeit, konnte er wieder fröhlich sein und lachen.

Das Mädchen, das ihn zuerst auf seine Armut aufmerksam gemacht hatte, kam auch in den Garten. Zuerst sah es gar nicht zum Strauch hin. Aber der herrlich süsse, wohlriechende Duft der Blumen musste ihm auffallen. «Ein Wunder!» rief es erfreut aus. «So schöne Blumen!» Seine Augen glänzten vor Freude. «Nun bist du für mich der schönste Strauch. Ich bewundere, nein ich liebe dich.»

Seit damals freuen sich alle über die Schönheit und den herrlichen Duft des Flieders. In jedem Frühling wird er aufs neue bewundert. Jetzt lieben ihn die Menschen. Doch er ist deswegen nicht etwa stolz geworden, oh nein. Er ist bei aller Schönheit brav und bescheiden geblieben. Und darum sind wir zwei auch so gute Freunde.

*

Es ist ganz still geworden im Garten. Alle denken an die Erlebnisse des Flieders und an die wunderschönen Blumen, die er nun jedes Jahr tragen darf.
Da meldet sich eine zarte Wicke zum Wort. Sie sagt: «Da wir schon vom Wünschen reden! Wisst ihr auch noch, wie es war, als die Wiesenblumen den Wald besuchen wollten, weil man ihnen gesagt hatte, wie schön es dort sei?»
«Kann mich nicht mehr daran erinnern!» seufzt die Trauerweide. «Bin schon gar alt und vergesslich. Aber der Löwenzahn weiss es bestimmt. Er war ja dabei – oder doch sicher seine Urgrossmutter. Wir können ihn ja fragen. Auch er hat sich nämlich gerade in den Garten eingeschlichen.»
Die Blumen, Bäume und Sträucher sehen sich neugierig um. Ja, dort steht er, der Löwenzahn. Wie ein eingeladener Besucher ist er stolz zum Gartentor hereingekommen.
«Mutig, mutig, der kleine Löwenzahn», meint die Trollblume.
Der Löwenzahn reckt sich in die Höhe. «Warum sagst du der ‹kleine› Löwenzahn? Du bist doch auch nicht grösser!»
Die Trollblume lacht. «So war das nicht gemeint», sagt sie. «Du darfst wirklich nicht böse sein. Ich weiss, dass ich nicht grösser bin.»
Karin sieht sich zum erstenmal die Trollblume, die ganz in der Nähe ihres Liegestuhles wächst, etwas genauer an. Sie ist allerliebst; sieht aus wie eine kleine, lustige Kugel, und ihre Blätter sind so gelb, wie man sich die Strahlen der Sonne vorstellt. «Schön!» flüstert Karin.
Die Trollblume hat es gehört. Sie strahlt vor Freude. «Danke, mein Liebes», sagt sie. «Tausend Dank! Noch nie hat mir bisher jemand gesagt, ich sei schön. Es tut gut, so etwas zu hören.»
«Aber wir wollten doch nicht über dich reden», ruft ihr der Goldregen zu. «Wir wollen dem Mädchen unsere Geschichte erzählen. An die vom Besuch der Wiesenblumen im Wald erinnere ich mich sogar sehr gut. Ein Buchfink hat mir im

Vorbeifliegen davon berichtet. Eigentlich ist es die Geschichte eines ganz bescheidenen kleinen Blümchens. Am liebsten möchte ich sie dir gleich erzählen. Darf ich?» Diese Frage hat der Goldregen an den Holunderstrauch gerichtet.
«Ja, bitte tu das!»
Und so beginnt der Goldregen zu berichten. Es ist

Die Geschichte vom Schlüsselblümchen

Vor vielen, vielen Jahren gab es in unseren Wäldern noch keine Blumen. Nur Bäume, Sträucher, Moos und Pilze wuchsen dort. Die Schneeglöckchen und Veilchen hatten ihren Platz auf den Wiesen, beim Löwenzahn und den Margeriten. Gewiss kein schlechter Platz. Sie hatten viel Sonne, wurden von allen Menschen bewundert und waren auch sehr zufrieden.
Einmal verliess eine Elfe in der Nacht den Wald und kam über die Wiese. Die Blumen sahen verwundert auf das zierliche Elflein, das so anders aussah als die Menschen. Die kleine Elfe setzte sich mitten unter sie und sprach mit ihnen. Sie erzählte ihnen von ihrem Wald, von seinem Zauber, seiner Stille und seiner geheimnisvollen Schönheit. Mit Neugier verfolgten die Blumen ihre Erzählung. Und sie alle wünschten sich plötzlich, einmal in den Wald zu gehen und all das, was sie von der Elfe gehört hatten, selbst zu sehen und zu erleben. Eine Margerite hatte sogar den Mut, diesen Wunsch auszusprechen. Sie fragte die Elfe: «Was meinst du, können wir nicht einmal zu dir in den Wald kommen? Ich bin zu neugierig auf all das, was es dort zu sehen gibt.»
«Ich weiss nicht!» gab die Elfe zur Antwort. «Der Wald ist durch dichtes Gesträuch und grosse, alte Bäume mit ganz dicken Stämmen abgeriegelt. Ich kann euch da kaum helfen. Ihr müsst schon da bleiben, wo ihr seid. Euer Platz ist nun einmal auf der Wiese.»
«Und warum kann man nicht unter den Sträuchern oder zwischen den Baumstämmen einfach hindurchschlüpfen» wollte das Veilchen wissen. «Wir sind doch klein genug, oder etwa nicht?»
Und das Schneeglöckchen sagte: «Ist denn der Wald nicht wie ein Garten? Viele von uns sind in die Gärten gekommen. Das ist ganz einfach. Man huscht zwischen den Holzlatten hindurch und schon ist man drin.»
«O nein!» Die Elfe nickte freundlich dem Schneeglöckchen zu. «So einfach ist das nicht. Der Wald ist etwas ganz anderes

als ein Garten oder eine Wiese. Es liegt eine Zauberkraft über ihm. Er ist die Heimat vieler guter Geister. Wir Elfen wohnen dort mit unserer Königin. Die Zwerge haben ihr Heim unter den Tannen und noch andere Waldgeister gibt es dort.»
«Wie aber hast du den Wald verlassen können – und wie kommst du wieder dorthin zurück?» wollte der Löwenzahn wissen.
«O, das ist einfach. Ich fliege über die Sträucher und Hecken hinweg.»

«Ja, wenn man fliegen kann», sagte die Margerite, «dann ist alles halt viel einfacher. Damit kommt man überall hin.»
«Schade», meinte das Schneeglöckchen. «Ich hätte deinen Wald gar zu gerne einmal gesehen.»
«Das kann ich verstehen.» Die Elfe lächelte sehr geheimnisvoll. «Er ist auch das schönste Plätzchen auf der ganzen Erde. Wenn an einem heissen Sommernachmittag die Sonne hier alles blendet und mit ihrer Hitze einschläfert, dann ist es bei uns herrlich kühl. Die grossen Bäume lassen nur soviel Licht und Wärme durch ihre Äste dringen, als für uns alle angenehm ist. Und die Ruhe, die bei uns herrscht! Es ist still wie in einer Kirche. Da gibt es kein Lärmen und Schreien. Es gibt nur Musik bei uns: das Zwitschern der Vögel, das Rauschen der Bäume, der Ruf des Kuckucks, das Lied der Nachtigall. All das gibt ein herrliches Konzert. Am schönsten ist es aber nachts, wenn der Mond seine silbernen Strahlen zu uns schickt. Dann schlafen natürlich die Hasen und Rehe, die Vögel, das Eichhörnchen und alle anderen Tiere, die bei uns wohnen. Aber ein neues Leben geht durch den Wald. Die Geister werden wach. Die Elfen versammeln sich um ihre Königin. Es wird gespielt und getanzt. Die Heinzelmännchen besuchen uns. Sie musizieren und singen fröhliche Lieder. Auch Geschichten wissen sie gut zu erzählen. Da geht es manchmal so lustig zu wie bei einem grossen Fest.»

«Herrlich!» seufzte die Margerite. Sie war schon ganz traurig, weil sie all das gerne selbst gesehen hätte.
«Und morgen feiern wir unser Frühlingsfest», erzählte das Elflein. «Da kommen auch alle Tiere. Das wird ein Leben und eine Freude sein. Das könnt ihr euch gar nicht vorstellen.»
Die Blumen wurden ganz still. Es kam eine rechte Traurigkeit über sie, weil sie von all dem Schönen, das ihnen die Elfe erzählte, nichts sehen durften.
«Ich möchte doch in den Wald gehen!» rief der Löwenzahn. «Und zwar gleich morgen, zum Frühlingsfest. Geht es wirklich nicht?»
Das Elflein überlegte. «Ich glaube nicht. Der Wald ist jedem verschlossen, der seinen Platz hier draussen hat. Wenn du hineingehen willst, musst du zuerst den Schlüssel finden, der ihn dir öffnet.»
«Ich werde ihn suchen», versicherte der Löwenzahn. – «Nun, dann viel Glück dazu!» Das Elflein erhob sich und schwebte davon, als ob es Flügel hätte.
«Jetzt geht es in den Wald zurück», sagte das Schneeglöckchen, und die Margerite seufzte wieder: «Ich möcht auch hingehen.»

«Wie wär's, wenn wir einen Versuch machen würden?» Ein kleines, gelbes Blümchen hatte diese Frage gestellt. Alle anderen sahen sich nach ihm um. Das war ja ein ganz kühner Gedanke, und ein grosses Wagnis dazu. Was könnte ihnen dabei nicht alles passieren! Aber dem Löwenzahn liess die Geschichte doch keine Ruhe, und darum sagte er: «Ich glaube auch, man sollte es versuchen. Gehen wir gleich morgen abend hin. Lässt man uns nicht hinein, so finden wir den Weg zu unserer Wiese schon wieder. Was kann uns weiter denn dabei geschehen? Also, ich bin dafür!»
«Ich bin auch dafür», meinte das Schneeglöckchen. Es hatte zwar ein wenig Angst vor einem solchen Abenteuer, aber das

brauchte es den anderen ja nicht zu zeigen. Sie würden es nur auslachen.
Zuletzt waren sich alle Blumen auf der ganzen Wiese darüber einig, dass sie zum Frühlingsfest in den Wald gehen wollten. Sie verschliefen den ganzen folgenden Tag, um am Abend für das Fest recht frisch und munter zu sein.
Als es dunkel wurde und der Mond schon recht hoch am Himmel stand, war die kleine Schar für den Ausflug bereit. Wie eine Schulklasse marschierten sie singend über die Landstrasse. In der Ferne stand, wie ein geheimnisvolles Haus, ihr Ziel: der Wald. «Er sieht so merkwürdig aus», sagte das Schneeglöckchen.
Die Margerite meinte: «Das ist es ja eben. Er hat Geheimnisse. Hoffentlich kommen wir hinein.»
«Sieh, er wird immer grösser und unheimlicher, je näher wir ihm kommen!» rief das Veilchen. Auch ihm war ein wenig bange, wie dem Schneeglöckchen.
Da bekamen die anderen plötzlich auch ein wenig Angst. Je weiter sie gewandert waren, desto mehr nahm der Wald an Grösse zu, bis er wie ein Riese vor ihnen stand. Sie waren am Waldrand angekommen. Neugierig versuchten sie, zwischen den Sträuchern und Baumstämmen hineinzusehen.
«Huu! Ist das aber dunkel hier drinnen.» Die Margerite machte ein ganz erschrockenes Gesicht. Das war ja direkt zum Fürchten. Und in dieser grossen, unheimlichen Finsternis sollte all das Schöne sein, von dem ihnen das Elflein erzählt hatte? Das wollte gar nicht in ihr kleines Köpfchen.
«So geh doch hinein!» rief der Löwenzahn. «Oder fürchtest du dich? Es ist weder ein Tor noch sonst etwas da. Nur ein wenig Gebüsch und viele Bäume mit dicken Stämmen. Aber ich glaube, man könnte schon irgendwo hindurchkriechen. Wir sind doch alle sehr klein. Das müsste schon gehen. Verschlossen ist der Wald jedenfalls nicht, wie die Elfe gesagt hat. Jeder kann eintreten, wenn er den Mut hat – und wenn er nicht zu gross ist.»

«Und wenn man sich nicht fürchtet», ergänzte die Margerite. Da lachten alle. «Ich fürchte mich nicht!» sagte der Löwenzahn. Und um das zu beweisen, machte er ein paar Schritte nach vorn. «Au! Au!» rief er aber plötzlich und trat wieder zurück. «Was hast du denn?» riefen die anderen. – «Ich bin gestochen worden. Von allen Seiten kamen die Stiche. Ihr glaubt nicht, wie weh das tut.» Völlig mutlos setzte sich nun der Löwenzahn am Waldrand ins Gras, bewundert und bedauert von seinen Freundinnen. Eine tiefe Stille herrschte ringsum. Alle Blumen mussten an die kleine Elfe denken. Sie hatte recht gehabt. Niemand konnte den Wald betreten, der nicht den Schlüssel dazu besass. «Sollten wir nicht besser wieder umkehren?» dachten einige von ihnen.

Da wurde plötzlich wieder das kleine Blümchen munter, das auf der Wiese zuerst den Vorschlag gemacht hatte, den Wald aufzuschen. «Ich will einmal sehen, ob an einer anderen Stelle ein Eingang ist», sagte es. «Bleibt nur da, bis ich zurückkomme.»

«Wenn dir aber etwas geschieht!» warnte das Veilchen. «Der Wald ist so unheimlich. Vielleicht ist er böse.»

«O nein, ich glaube an das, was uns das Elflein erzählt hat. Und nun will ich den Schlüssel suchen gehen.» Das kleine gelbe Blümchen machte sich auf den Weg.

«Viel Glück, Dummkopf!» rief ihm der Löwenzahn nach. Die anderen blieben still. Sie hatten alle ein wenig Angst um ihre zarte Freundin.

Das gelbe Blümchen ging am Rande des Waldes entlang. Zuerst sah es nur Finsternis, grosse Tannen, deren Äste bis zur Erde herunterhingen, und dichte Sträucher und Büsche. Hier konnte man sicher nicht hinein. Das Blümchen dachte: «Ich muss noch weiter gehen. Vielleicht finde ich das richtige Tor mit dem Schlüssel.» Plötzlich blieb es erschrocken stehen. Es sah etwas. Ein Wesen wie ein Mensch und doch viel schöner als ein Mensch sass am Waldrand und starrte unbe-

weglich vor sich hin. «Da ist jemand, den ich nach dem Weg in den Wald hinein fragen könnte», dachte das Blümchen. Dann sagte es freundlich: «Guten Abend!»
«Guten Abend!» Erstaunt betrachtete das schöne Mädchen die kleine Blume. «Was suchst du denn hier am Waldrand, so mitten in der Nacht? Ist dein Platz nicht auf der grossen Wiese? Und solltest du nicht schon schlafen?»
«Ich möchte in den Wald, zum Frühlingsfest!» – «So, so!» Das war alles, was das schöne Mädchen zu sagen wusste. Aber unser Blümchen gab seine Sache nicht so schnell verloren und fragte: «Könntest du mir nicht den Weg in den Wald hinein zeigen? Du wohnst doch sicher auch dort. Gehörst du nicht zu den guten Geistern, die im Wald wohnen und von denen uns die Elfe gestern nacht erzählt hat? Vielleicht bist du gar die Elfenkönigin?»
«Ich bin die Waldfee!» sagte das schöne Mädchen. Es klang aber ganz bescheiden. «Doch deine Bitte kann ich dir nicht erfüllen, denn ich bin aus dem Walde verbannt. Ein böser Zauberer nahm mir mein Herz und setzte an dessen Stelle einen harten Stein. Darum darf ich mich nicht mehr zu den guten Geistern zählen und der Wald ist mir jetzt verschlossen. Seit langer, langer Zeit sitze ich nun schon hier und warte darauf, dass jemand kommt, mich zu erlösen. Aber das wird wohl nicht geschehen.»

Das gelbe Blümchen sah die Waldfee traurig an. Ihr Schicksal griff ihm ans Herz und tat ihm weh. «Wenn ich dir doch nur helfen könnte!» sagte es. «Was kann man denn tun, um dein Herz zu finden und es dir zurückzugeben?»
Zuerst schüttelte die Waldfee ein wenig den Kopf, als ob sie sagen wollte, es sei hoffnungslos. Dann aber zeigte sie dem Blümchen einen grossen Baum. «Sieh einmal hinauf. Dort oben hängt ein Glas und in diesem ist mein armes Herz eingeschlossen, gefangen wie ein Vögelchen in seinem Käfig. Auch wenn du das Glas herunterholen könntest, so wäre

damit noch gar nichts gewonnen. Das Glas ist gut verschlossen.»
Das Blümchen fühlte so viel Mitleid mit der Waldfee, dass es noch trauriger wurde. Der Gedanke, ihr nicht helfen zu können, entlockte ihm eine Träne nach der anderen. Der Boden ringsum wurde ganz nass davon. Erstaunt sah die Waldfee auf das schluchzende Blümchen und dabei wurde ihr ganz komisch zumute. Gerne hätte sie es getröstet, doch sie konnte es einfach nicht. Sie fand nicht die nötigen Worte dazu. Plötzlich aber ging es wie ein Blitz durch ihren Körper. Sie sah zum grossen Baum hinauf und rief: «Mein Herz! Ich habe mein Herz wieder! Sieh nur, dort oben: das Glas ist verschwunden. Deine Tränen haben mir geholfen. Der böse Zauber ist gebrochen. Ich habe mein Herz wieder. Nun kann ich zurück in den Wald.»
Die Waldfee wollte sich gleich mit schnellen Schritten davonmachen, zurück in den geliebten Wald. Da fiel ihr aber ein, dass auch das kleine Blümchen in den Wald gehen wollte, zum Frühlingsfest. «Komm», sagte sie. «Du darfst mit mir kommen, zum Dank für deine grosse Hilfe.»
Welch glückliche Überraschung war das für unser kleines Blümchen. «Fein!» rief es begeistert aus. «Aber» – und es zögerte ein klein wenig –«beinahe hätte ich vergessen, dass ich ja gar nicht allein bin. Es sind noch Freundinnen von mir in der Nähe, die möchte ich auch mitnehmen, wenn es geht.»
Die Waldfee sah sich neugierig nach allen Seiten um, konnte aber keine anderen Blumen sehen. «Wo sind sie denn, deine Freundinnen?»
«Sie warten dort oben, am Anfang des Waldes auf mich. Ich werde sie gleich holen.» Schnell und mit munteren Schritten ging nun das Blümchen zurück zu den anderen. Die sassen noch immer mäuschenstill an der gleichen Stelle und warteten. «Was, du kommst wirklich zurück?» staunte der Löwenzahn. «Das hätte ich nicht gedacht. Wahrhaftig nicht!» Und das Schneeglöckchen sagte: «Du bist lange fortgewesen. Ich

hatte grosse Angst um dich. Was tatest du in all der Zeit?»
«Das erzähle ich euch vielleicht später einmal», sagte das gelbe Blümchen. «Kommt jetzt mit mir. Die Waldfee erwartet uns. Sie wird uns zum Frühlingsfest führen.»
Noch etwas zögernd und ungläubig folgten die Wiesenblumen ihrer Freundin. Als sie aber die Waldfee sahen, da hatten sie Vertrauen. «Bleibt alle schön beisammen!» ermahnte sie die Fee. «Ihr kennt den Wald nicht, und wenn eines davonläuft, könnte es sich verirren und den Weg zurück nicht mehr finden.»
So kamen die Wiesenblumen eines Nachts in den Wald und lernten alle seine Schönheiten kennen. Sie bewunderten die grossen, viele hundert Jahre alten Tannen, das weiche Moos, die seltsamen Kräuter und die lustigen Pilze.
Und erst die Tiere, mit denen sie zusammentrafen! Da kam eine Hasenfamilie, die auch zum Frühlingsfest gehen wollte. Die jungen Häslein machten die drolligsten Sprünge und konnten so komisch mit den Ohren wackeln, dass der Löwenzahn sich fast krank lachte.
Bei der Elfenkönigin wurden sie mit grossem Jubel empfangen. Man gab ihnen einen Ehrenplatz, von dem aus sie die Tänze der Elfen und Zwerge am besten sehen konnten. Dort trafen sie auch die kleine Elfe wieder, die ihnen nachts auf der Wiese so viel Schönes erzählt hatte. War das ein fröhliches Wiedersehen!
«Sind alle gekommen?» fragte die Elfenkönigin nach einer Weile. «Ja», tönte es wie im Chor. Die Elfenkönigin sah sich im Kreise um. Da war die kleine Gesellschaft der Zwerge. Daneben standen Rehe und Hasen. Die Vögel sassen oben in den Bäumen. Unter einer Tanne hatten sich die Eichhörnchen versammelt. Die Leuchtkäferchen schwirrten unruhig umher. Sogar der alte Uhu hatte es sich nicht nehmen lassen, dabeizusein.
Nun setzte sich die Elfenkönigin in einen zierlichen silbernen Sessel und gab einigen Zwergen ein Zeichen, dass sie mit

ihrer Musik beginnen sollten. Das gab ein lustiges Konzert. Und alle tanzten: nicht nur die Elfen, auch die Tiere und sogar die lustigen kleinen Pilze. Da konnten auch die Wiesenblumen nicht widerstehen und drehten sich im Kreise. Dazwischen wurden fröhliche Lieder gesungen und allerlei Spiele gemacht. Die Blumen machten recht eifrig mit. Sie waren alle sehr glücklich. Ein so schönes und lustiges Fest hatten sie noch nie erlebt.
Aber jede Nacht geht einmal zu Ende und auch jedes noch so schöne Fest. Als der Morgen dämmerte, zerstreute sich die lustige Gesellschaft nach allen Richtungen. Auch die Blumen mussten Abschied nehmen.
«Wie heisst du?» fragte die Elfenkönigin das zarte gelbe Blümchen.
«Man nennt mich ‹gelbe Wiesenblume›.»
«Von heute an sollst du ‹Schlüsselblümchen› genannt werden», sagte die Elfenkönigin. «Du hast mit deinem Mitleid und deinen Tränen den Schlüssel zum Herzen der Waldfee gefunden und sie uns wiedergegeben. Dein neuer Name soll eine Ehre für dich sein und eine Erinnerung an diese schöne Nacht im Walde.»
«Schlüsselblümchen! Welch schöner Name», sagte die Margerite, und der Löwenzahn brummte: «Sie hat ihn verdient. Ohne ihre Hilfe wären wir doch nie in den Wald gekommen. Und ich muss sagen, es hat sich gelohnt. Ich habe mich wunderbar unterhalten. Diese Nacht werde ich nie vergessen, in meinem ganzen Leben nicht.»
Und dann machten sie sich auf den Weg nach Hause, zu ihrer Wiese. Wieder wurden sie von der guten Waldfee geführt, und nochmals ermahnte sie die Blümchen, doch ja nicht davonzulaufen oder irgendwo stehenzubleiben. Der Löwenzahn marschierte stramm, ohne nach rechts oder links zu sehen, hinter der Waldfee einher. An seiner Seite ging schweigend die Margerite. Sie war schrecklich müde. Ihnen folgten alle anderen. Das Veilchen, das Schneeglöcklein und

das Schlüsselblümchen bildeten den Schluss des Zuges. Alle drei konnten ihre Neugierde nicht bezähmen und gingen da und dort hin, um etwas zu entdecken, das sie noch nie gesehen hatten. Zuletzt verloren sie die anderen und verirrten sich. Da war ihnen nun nicht mehr zu helfen. Sie fanden den Weg zur Wiese allein nicht und mussten im Wald bleiben. «Was macht das schon!» sagte das Veilchen. «Mir gefällt es ganz gut hier.» Und es liess sich einfach irgendwo nieder. «Dann bleibe ich auch!» antworte das Schneeglöckchen und setzte sich zum Veilchen. Das Schlüsselblümchen wusste nicht recht, was es tun sollte. Da es aber nicht ganz allein weiter durch den Wald irren wollte, blieb es ebenfalls bei ihnen. Noch heute steht es dort im Wald, an einer Stelle, wo die Bäume nicht so dicht sind und die Sonne ihm genügend Wärme gibt. Und alle nennen es jetzt «Schlüsselblümchen».

*

«Ist das aber eine schöne Geschichte», ruft die Trollblume begeistert. «Und nicht einmal traurig. Danke schön, lieber Goldregen.»
«Darf ich euch auch eine Geschichte erzählen?» bittet nun Karin plötzlich. Die Rose nickt ihr zu. «Natürlich darfst du auch erzählen. Wir sind schon sehr neugierig auf deine Geschichte. Wie heisst sie denn?»
«Sie heisst ‹Der Himmelsschlüssel›», sagt Karin. «Eigentlich ist es auch eine Geschichte vom Schlüsselblümchen, aber wieder eine ganz andere. Meine Mutter hat sie mir erzählt.»
Die Rose ist erstaunt. «Ich wusste gar nicht, dass das Schlüsselblümchen noch eine Geschichte hat», sagt sie.
«Erzählen, erzählen!» ruft die Mohnblume vom Gartentor her – «Hoffentlich ist sie nicht traurig», meint die Trollblume. «Ich mag nur lustige Geschichten.»

«Nein, sie ist nicht traurig», versichert Karin. «Ich finde sie sogar sehr lustig. Darf ich sie erzählen?»
«Ja», sagt die Rose. «Wir möchten sie alle gern kennen, deine Geschichte vom Schlüsselblümchen.»
Karin setzt sich im Liegestuhl etwas auf, damit alle sie ja gut hören können. «Ihr müsst wissen», sagt sie, «dass das Schlüsselblümchen bei vielen Menschen noch einen anderen Namen hat. Es wird auch ‹Himmelsschlüssel› genannt».
«Wie schön!» lispelt eine zarte Wicke. – «Hm, ja, ganz nett», meint die Trollblume und schaut zum blauen Himmel hinauf. «Aber komisch ist es doch. Wie seid ihr Menschen nur auf die Idee gekommen, ihm diesen Namen zu geben? Was hat das Blümchen denn mit dem Himmel zu tun?»
«Du solltest einmal schweigen!» tadelt die Nelke. «Sonst werden wir die Geschichte nie zu hören bekommen.»
Ein wenig schmollend zieht sich die Trollblume hinter den Rosenstock zurück, legt sich dort wieder ins Gras und sieht gelangweilt zum Himmel hinauf.
Und da beginnt Karin zu reden. Sie erzählt ihren Blumen die Geschichte:

Der Himmelsschlüssel

Da war einmal im Himmel ein kleines Engelchen, das gar nie ruhig sein konnte. Wie ein Wirbelwind flog es hin und her, steckte sein Näschen neugierig überall hinein und neckte die anderen grossen und kleinen Engel, wann immer sich die Gelegenheit dazu bot. Man musste ganz schrecklich auf das kleine Ding aufpassen. Ging die Himmelstüre auch nur ein ganz klein wenig auf, um jemanden einzulassen – hopp, flog unser Wildfang hinaus.

So hatte sich das Engelchen auch eines Tages in den Kopf gesetzt, den Mond zu besuchen. «Ich will den alten Brummbär zum Lachen bringen», meinte es. «Er macht immer so ein ernstes Gesicht, das kann ich nicht leiden.»

Bei der nächsten günstigen Gelegenheit huschte es zum Himmelstor hinaus und flog über die Milchstrasse. Dort reinigte Frau Holle gerade ihre Betten und schüttelte die Kissen aus, das die Flocken nur so herunterwirbelten. Das war recht lustig anzusehen, und gerne hätte ihr das Engelchen dabei geholfen. Aber es hatte es gar eilig, zum alten Mond zu kommen. So flog es schnell weiter über die lange Milchstrasse.

Plötzlich hörte es ganz in der Nähe fröhliche Stimmen. Es klang, als ob ein paar Buben sich bei einem lustigen Spiel vergnügten. Das Engelchen wandte seinen Kopf nach der rechten Seite. Wie musste es da staunen. Ein sehr grosser, schöner Brunnen stand dort, und zwei kleine Männchen pumpten eifrig Wasser heraus. Viele andere trugen die gefüllten Giesskannen davon, und am Rand der Milchstrasse gossen sie das Wasser auf die Erde hinunter. Grosse Wolken nahmen es auf und verteilten es.

«Aha», dachte das Engelchen, «da unten muss auf der Erde der Süden sein. Und wo Frau Holle steht, da ist der Norden. Im Süden Regen, im Norden Schnee, wie ich es von den Menschen gehört habe. Ich möchte eigentlich gerne einmal zur Erde hinunterfliegen. Wenn es nur nicht so weit wäre!

Ich weiss ja noch gar nicht, wie es dort aussieht. Ob es wohl ebenso schön ist wie im Himmel?»
Die kleinen Regenmännlein waren recht übermütig und trieben allerlei Schabernack. Wieder überlegte sich das Engelchen, ob es ihnen nicht seine Hilfe anbieten könnte. Gar zu gern hätte es mitgeholfen bei der Kunst des Wettermachens. Gerade wollte es den Mund öffnen, um zu fragen, ob seine Hilfe gebraucht werde – da sah es auf der anderen Seite Petrus herankommen. Er hatte die Aufgabe, im Himmel überall zum Rechten zu sehen. Schnell flog der Engel davon, um nicht erwischt zu werden.
Auf seinem weiteren Weg begegnete ihm der Wind. Wie ein mächtiger Riese sah er aus. Das Engelchen wunderte sich, dass er bei seiner Grösse überhaupt fliegen konnte. Seine Wangen waren dick aufgebläht, und wenn er die Luft ausstiess, hörte man es über die ganze Milchstrasse. Das Engelchen duckte sich, denn es hatte Angst vor diesem kräftigen Riesen. Der Wind lachte, als er das sah. «Wo willst du denn hin, kleiner Wildfang?» «Zum Mond», sagte das Engelchen. «Er macht immer so ein trauriges Gesicht. Ich will ihn endlich einmal zum Lachen bringen.»

«Huii!» Der Wind pfiff durch die Zähne. «Wenn du das kannst, lade ich dich zu einer Reise auf die Erde ein. Ich selbst trage dich in meinen Armen hinunter. Du wirst dort allerlei sehen, das dir Spass macht. Möchtest du mitkommen?»
«Natürlich! Eine Reise zur Erde, das war schon immer mein Wunsch.» – «Abgemacht!» rief der Wind und sauste davon. «Gute Reise!» – Der Wind hörte es nicht mehr. Er war schon weit fort, ganz nahe bei der Erde. Dort machte er seine Arbeit so tüchtig, dass man sein Heulen und Pfeifen bis zur Milchstrasse hinauf hören konnte. «Wie mag es wohl sein dort unten?» dachte das Engelchen. Ganz vorsichtig beugte es sich am Strassenrand zur Seite und sah hinunter. Aber da

war alles schwarz und ohne Licht. Es war wohl gerade Nacht auf der Erde.
Die Überlegung des Engelchens war richtig. Im gleichen Augenblick sah es nämlich die Sternenkinder mit ihren goldenen Krönlein herankommen. Das Engelchen winkte ihnen fröhlich zu und flog dann weiter.
Nach einiger Zeit kam es zu einer langen Treppe, die war ganz aus weissem Marmor und glitzerte wie frisch gefallener Schnee. Das Engelchen stieg hinauf. Es waren genau dreihundertfünfundsechzig Stufen.
«Wie schön ist das!» rief es begeistert, als es oben angekommen war. Da gab es viele Berge, die waren von einem schimmernden Weiss; und silberne Seen, die zugleich auch tiefblau sein konnten, je nachdem, von welcher Seite man sie sah. Eine breite Strasse führte zu einem prächtigen, grossen Schloss, das ebenfalls aus weissem Marmor gebaut war. Das Engelchen sah sich alles an und ging dann in das schöne Schloss hinein. Da erst bemerkte es, dass dieses nur ein einziges Fenster hatte. «O weh!» rief es. «Das ist aber wenig. Dabei wollte ich doch die herrliche Aussicht von allen Seiten betrachten.»
Neugierig trat es zu diesem Fenster. Da sass einer davor. Ein alter Mann mit einem runden, aber fast traurigen Gesicht. Es war der Mond.
«Warum bleibst du immer so ruhig dort sitzen und schaust hinaus?» wollte der kleine Engel wissen. «Wird es dir dabei denn nicht langweilig?»
Der Alte blieb stumm, als ob er gar nichts gehört hätte. «Ob er wohl taub ist?» überlegte der Engel und zupfte ihn leicht an seinem langen, weiten Rock.
«Was willst du?» Die Stimme des Mondes war sehr stark und tief, so dass der kleine Engel im ersten Augenblick erschrocken zurückfuhr. Aber es fürchtete sich doch nicht und gab zur Antwort: «O, nichts. Ich wollte nur einmal zu dir kommen und sehen, wie es bei dir ist.»

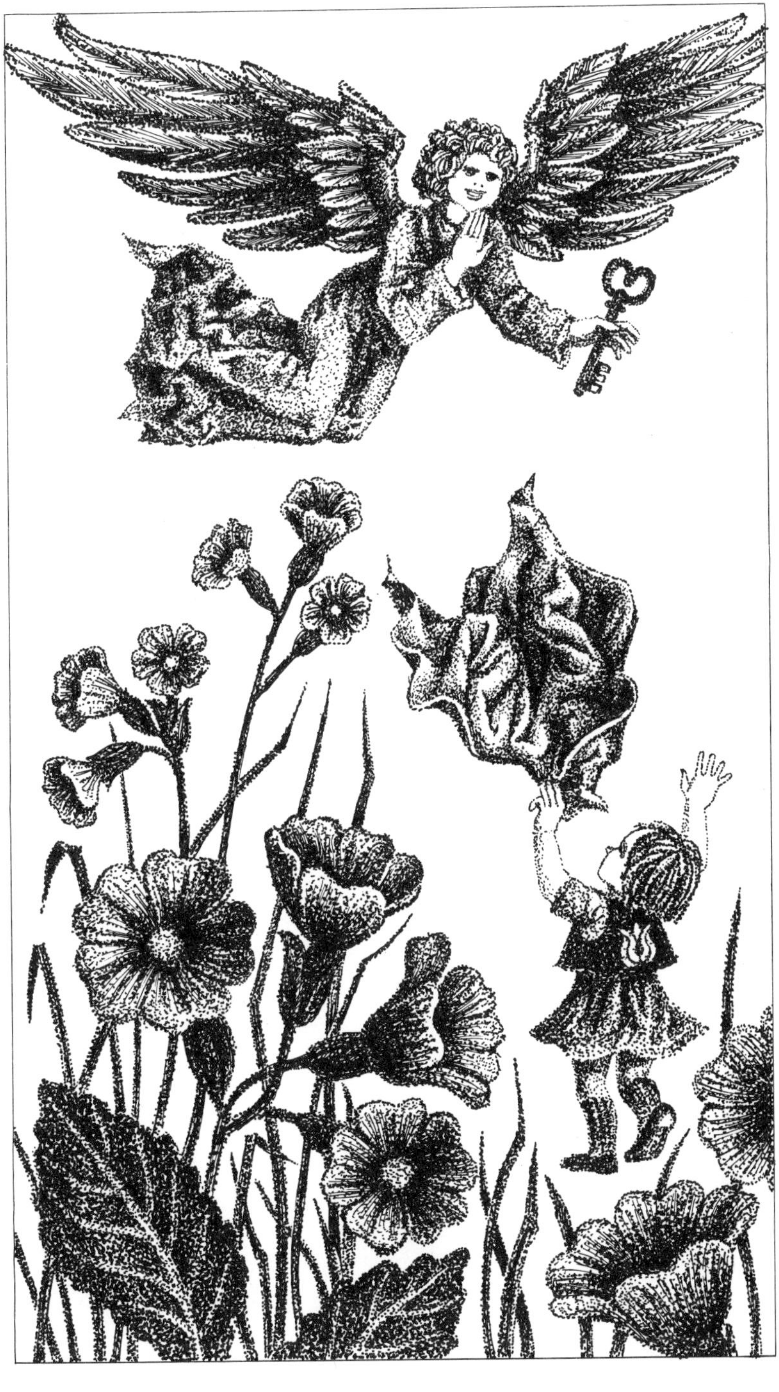

«So so!» Der Mond starrte noch immer zum Fenster hinaus. Vielleicht wollte er seinen kleinen Besucher, der hinter ihm stand, nicht ansehen. Aber dem Engelchen passte das gar nicht. «Sieh mich doch endlich an!» sagte es. «Du weisst ja nicht einmal, wer ich bin. Warum schaust du denn immer zu diesem dummen Fenster hinaus? Ist es nicht ewig das Gleiche, was du da siehst? Hast du es denn nicht endlich satt?»
«Ich muss sehen, was die dort unten treiben», sagte der Mond. «Ich sehe viel und es gibt immer etwas Neues.»
«Zeig her!» Das Engelchen ging näher, machte einen Sprung und setzte sich dem Mond direkt auf den Schoss. Nun konnte es auch durch das Fenster sehen. «Das ist aber lustig!» rief es und zappelte ganz aufgeregt mit seinen kurzen Beinchen. «Was ist das?»
«Das ist die Erde.»
«Wirklich? Die muss ich mir einmal näher ansehen. Dort werde ich nächstens hingehen. Weisst du, der Wind hat mir versprochen, dass er mich hintragen wird. Ist das nicht grossartig?»
«Vielleicht. Aber sei so gut und verschwinde jetzt hier vom Fenster, sonst können mich die Menschen auf der Erde nicht mehr recht sehen.»
Das Engelchen aber wollte nicht so schnell wieder weggehen und bettelte: «Lass mich nur noch einen Augenblick hinunterschauen. Die Menschen werden dir deshalb nicht böse sein. Sie sehen dich ja auch nicht alle Tage. Da kommt es auf etwas mehr oder weniger gewiss nicht an.»
«Was? Nicht alle Tage?» Der Mond wurde fast böse über diese Bemerkung. «Ich sitze doch stets hier am Fenster, jede Nacht, jahraus, jahrein, ohne Ende. Da müssen mich die Menschen ja immer sehen.»
Das Engelchen lachte und sagte: «Aber ich weiss es von den Menschen, die zu uns in den Himmel kommen. Ungefähr einmal im Monat, da sehen sie dich ganz, so wie du hier bist. Ein anderes Mal wieder sehen sie dich gar nicht, und an

gewissen Tagen, da sehen sie nur die Hälfte von dir oder einen Viertel – manchmal auch nur ein ganz kleines, schmales Stückchen.»
«Die Hälfte! Wie stellst du dir das vor? Ein Auge, die halbe Nase, den halben Mund?»
«Ja», sagte das Engelchen, als ob es das Natürlichste wäre, nur ein halbes Gesicht zu haben.
Das fand der alte Mond nun so komisch, dass er ganz fürchterlich lachen musste. Er wackelte dabei mit seinem dicken Bauch und hob die Knie, weshalb das Engelchen schnell von seinem Schoss heruntersprang. Es fürchtete nämlich, zum Fenster hinauszufallen.
«Das ist aber komisch!» rief der Mond, als er endlich ein wenig zu Atem kam. «Nein, das ist zu komisch! Ein halbes Gesicht!» Und wieder fing er an zu lachen.
«Der hört gar nicht mehr auf», dachte das Engelchen. Da fiel ihm plötzlich wieder ein, warum es diese weite Reise gemacht hatte. Es wollte den Mond zum Lachen bringen. Das war ihm ja nun herrlich gelungen. Aus lauter Freude darüber lachte es ebenfalls.
Der Mond blinzelte ihm zu und sagte: «Ich glaub's doch nicht! Du willst mir wohl einen Bären aufbinden, du kleiner Schlingel.»
«Dann frag doch die Menschen, die bei uns im Himmel sind.»
«Wie kann ich denn das? antwortete der Mond. «Ich kann ja nicht in den Himmel hinein. Mein Platz ist da draussen.»
«Ja, dann weiss ich dir auch nicht zu helfen.» Ein helles, fast wie ein zartes Glöckchen klingendes Lachen und schon flog das Engelchen davon. «Höchste Zeit, dass ich wieder nach Hause komme», dachte es. «Im Himmel suchen sie vielleicht schon nach mir.»
Wieder flog es über die Milchstrasse. Und jedesmal, wenn es an den Mond dachte, musste es laut lachen. Was der für ein dummes Gesicht gemacht hatte! «Das war aber einmal ein

Spass!» rief es. «Und die Reise zur Erde habe ich mir dabei auch verdient.»
«Huii!» pfiff da jemand in seine Ohren. Es war der Wind. Er kam herangebraust, als ob jemand hinter ihm her wäre. Das Engelchen freute sich natürlich, ihn so schnell wiederzusehen und wollte ihm gleich alles erzählen. Er wusste es aber bereits. «Das hast du fein gemacht», sagte er. «Ich habe den Mond lachen hören, fast bis zur Erde hinunter. Ich habe auch sehr gelacht. Und mein Versprechen halte ich. Morgen früh komme ich zur Himmelstür, um dich abzuholen. Dann reisen wir zwei zusammen zur Erde.»
«Abgemacht. Ich freue mich ganz schrecklich darauf. Auf Wiedersehen morgen!» Das kleine Engelchen war überglücklich. Seitdem es beim alten Mond durch das Fenster auf die Erde hintergesehen hatte, war es ganz ungeduldig, dorthin zu kommen.
Vor der Himmelstür musste es warten, bis es hinter einem guten Menschen, der gerade angekommen war, hineinschlüpfen konnte. Es wurde aber doch von Petrus gesehen. «Du warst ja schon wieder fort!» brummte er. «Wir haben dich überall gesucht. Das nächste Mal muss ich dich bestrafen.»
«O weh», dachte das Engelchen, «morgen will ich doch die Reise zur Erde machen. Ich kann den Wind nicht einfach draussen stehenlassen.»
Am nächsten Morgen schlüpfte das Engelchen ganz früh aus seinem weichen Wolkenbett und suchte Petrus. Es wollte ihm alles erzählen und ihn bitten, ihm noch diese einzige Reise zur Erde zu erlauben. Aber Petrus lag noch in tiefem Schlaf und schnarchte so laut, dass man es fast im ganzen Himmel hören konnte. Unter seinem Kopfkissen lagen die goldenen Schlüssel für die Himmelstür. Ganz sachte griff das Engelchen nach dem grossen Ring, öffnete ihn und nahm einen kleinen Schlüssel heraus. Mit dem ging es rasch zur Tür und sperrte sie auf. Schon war es draussen. Dort wartete bereits der Wind.

«Gut, dass du so früh aufgestanden bist», sagte er. «Wir haben einen weiten Weg vor uns.» Dann nahm er das Engelchen auf seine starken Arme und trug es in schnellem Flug zur Erde. Dort unten war es gerade Frühling. «Wie herrlich!» rief das Engelchen, als es die grünen Wiesen mit den vielen Blumen und alle die blühenden Bäume sah. «Das ist ja genau so schön wie im Himmel und doch ganz anders.» Mit schnellen Schritten eilte es über Wiesen und Felder, durch einen grossen Wald, in dem die Vögel lustig zwitscherten, bis es zuletzt in ein kleines Dorf kam. Da bemerkte es plötzlich, dass die Sonne zu sinken begann und es langsam Abend wurde.
«Jetzt muss ich aber zurück», überlegte es. «Sonst merkt der Petrus doch noch, dass ich fortgegangen bin und dann wird er mich bestrafen. Gut jedenfalls, dass ich einen Schlüssel habe.» Dabei griff es in die kleine Tasche hinter seinem rechten Flügel, um ihn herauszunehmen. Aber wie erschrak es da. Der goldene Schlüssel war verschwunden. Wahrscheinlich hatte es ihn beim Herumspringen verloren. Nun wurde ihm recht ängstlich zumute. Wie konnte es zurückgehen ohne seinen Himmelsschlüssel? Petrus würde ihm vielleicht die Tür gar nicht mehr öffnen. Der kleine Engel setzte sich in seiner Verzweiflung an den Strassenrand und weinte.
Es dauerte nicht lange, da kam ein kleines Mädchen vorbei, das einen Korb am Arm trug. Als es das weinende Engelchen sah, blieb es stehen, staunte erst einmal tüchtig und fragte dann: «Warum weinst du? Wenn ich dir helfen kann, ich tu's gerne. Ich heisse Marie und wohne da drüben in dem kleinen, weissen Haus, zusammen mit meiner Mutter.»
Dem Engelchen gefiel das freundliche kleine Mädchen sehr. Darum erzählte es ihm auch gleich die Geschichte vom verlorenen, goldenen Himmelsschlüssel.
«Weisst du noch genau, wie er ausgesehen hat?» wollte Marie wissen. «Gewiss», sagte der kleine Engel. «Ich kann ihn dir sehr gut beschreiben.»

Das Mädchen lachte. «Dann ist es nicht so schlimm. Wir wollen zu einem Schlosser im Dorf gehen. Der macht dir einen neuen Schlüssel.»
Sie gingen auch gleich hin. Der Schlosser aber sagte: «Habt ihr Geld?» Und als sie die Köpfchen schüttelten, meinte er: «Dann kann ich euch keinen Schlüssel anfertigen. Ich muss das Gold ja bezahlen und es ist sehr teuer.» Traurig gingen die beiden wieder fort.
Unterwegs sagte Marie: «Es ist am besten, du kommst jetzt mit mir nach Hause. Ich lasse dich in meinem Bett schlafen, wenn du willst. Und morgen wollen wir dann weitersehen.»
Am andern Tag musste die kleine Marie früh hinaus, um Blumen zu pflücken. Die sollte sie dann in die nahe Stadt tragen und dort verkaufen; denn ihre Mutter war eine arme Witwe mit einem kleinen Verdienst. Das Engelchen ging freudig mit. Bald kamen sie zu einer Wiese, auf der viele zarte, gelbe Blümchen blühten. «Das sind Schlüsselblümchen», sage Marie. «Die wollen wir nehmen.» Sie pflückten davon, so viel sie tragen konnten und gingen damit zur Stadt.
«Lass mich die Blumen verkaufen!» bat da plötzlich der kleine Engel. «Das muss lustig sein. So etwas habe ich noch nie gemacht.»
Marie wollte eigentlich nein sagen. Doch als sie sah, wieviel Freude dem Engel das Verkaufen machte, liess sie es zu. Die Leute auf dem Markt in der Stadt kannten Marie alle sehr gut und mochten sie gern. Als sie nun aber das Engelchen neben ihr sahen, das die Blumen verkaufte, staunten sie, machten grosse Augen und drängten sich heran. Jeder wollte wenigsten ein Blümchen. Denn aus der Hand eines Engels konnte man es nicht alle Tage kaufen. Das war schon ein Wunder, wie man es nur ein einziges Mal erleben durfte. Und die meisten von ihnen gaben viel mehr für die Blumen, als sie sonst bezahlt hätten. Nach einer Stunde schon waren alle Blumen verkauft und Maries Geldbeutel so voll wie noch nie.

«Nun wollen wir aber einen Schlüssel für dich kaufen», sagte das Mädchen. Sie gingen zum besten Schlosser in der Stadt. Dort bekamen sie in kurzer Zeit einen ganz gleichen goldenen Schlüssel wie der, den das Engelchen verloren hatte. Marie bezahlte ihn und bemerkte dabei, dass noch viel mehr Geld übrig blieb, als sie sonst vom Markt nach Hause gebracht hatte. «Da wird sich die Mutter freuen», sagte sie mit strahlendem Gesicht.
Das Engelchen aber blieb plötzlich stehen und gab Marie die Hand. Es hatte nämlich gerade einen leichten Hauch des Windes verspürt. «Nun muss ich aber schnell in den Himmel zurück», erklärte es dem Mädchen. «Ich danke dir für deine Hilfe und will dich nie vergessen.»
Noch bevor das Mädchen etwas sagen konnte, war das Engelchen schon weit fort. Man sah nicht ein Tüpfchen mehr von ihm. Es spürte die starken Arme des Windes, der herangebraust war und es wieder hinauftrug, vor die Himmelstür. Dort setzte er es ab und flog rasch weiter. Ob er wohl auch Angst vor Petrus hatte?

Ganz sachte wurde die Himmelstür geöffnet. Und sehr leise schlich sich das Engelchen hinein. Doch wer kam ihm da entgegen? Der liebe Gott selbst war es. Aber er sagte kein böses Wort, wie es der Wildfang erwartet hatte. Er liess sich alles ganz genau erzählen – auch die Sache mit dem verlorenen Himmelsschlüssel. Da lächelte der Herr verzeihend und sagte, wobei er ein gelbes Blümchen aus dem linken Flügel des Engels hervorzog: «So soll diese Blume ab heute ‹Himmelsschlüssel› genannt werden, denn nur sie hat dir das Himmelstor wieder geöffnet.»
Das hat der kleine Engel bei seiner nächsten Reise zur Erde – für die er sogar die Erlaubnis von Petrus hatte – dem Mädchen Marie erzählt. Darum werden die Schlüsselblümchen in jener Gegend der Erde auch «Himmelsschlüssel» genannt.

Was aber geschah mit dem richtigen goldenen Himmelsschlüssel, den das Engelchen auf der Erde verloren hatte? Den fand eines Tages ein braver Musikant, als er von einer Stadt zur anderen zog. Er hob ihn auf und steckte ihn in seine Tasche. Dort blieb er viele, viele Jahre. Erst als der Musikant als alter Mann vor der Himmelstür stand, erinnerte er sich wieder an den goldenen Schlüssel. Er dachte: «Ich weiss nicht, ob mir hier geöffnet wird, aber ich will es einmal mit diesem Schlüssel versuchen. Vielleicht passt er, denn er ist ja aus Gold.» Und wirklich, das Himmelstor ging auf, der Musikant trat ein.
Petrus staunte zuerst, dann wollte er schimpfen. Aber der Musikant zeigte seinen goldenen Schlüssel und lachte. «Das ist ja ein Himmelsschlüssel!» rief Petrus. Und der Musikant durfte im Himmel bleiben.
Als der liebe Gott davon hörte, sagte er lächelnd: «Ein Musikant ist nicht nur auf der Erde, sondern auch im Himmel stets willkommen!»

*

«Kennst du auch die Geschichte von der schwarzen Rose?» fragt da ein schwaches Stimmchen. Karin sieht sich um. Wer spricht denn da so leise? Plötzlich fällt es ihr ein. «Die Trauerweide muss es sein», denkt sie.
Ja, es ist die Trauerweide. «Ich will mir Mühe geben, so laut zu reden, dass du mich verstehst», sagt sie zu Karin.
Die Trollblume mischt sich wieder ein. Sie meint, die Geschichte sei doch etwas zu traurig für einen so schönen Tag. Aber die Trauerweide lässt nicht locker, sie spricht weiter. «Auch traurige Geschichten sind schön», sagt sie. «Und meine Geschichte nimmt ja gar kein böses Ende. Ich will dir also erzählen,

Warum es schwarze Rosen gibt

Vor vielen, vielen Jahren, als noch in fast jedem Land ein König regierte, da lebte einmal eine Prinzessin, die man ihrer schönen blonden Haare wegen Prinzessin Goldhaar nannte. Aber nicht nur ihr wundervolles Haar lobte man. Auch ihre zarte, weisse Haut, ihre strahlenden blauen Augen und ihr liebliches Lächeln bewunderten die Leute am Königshof. Alle liebten sie, denn sie hatte ein gutes Herz und war immer bereit, andern zu helfen, wenn sie Hilfe brauchten. Und weil Prinzessin Goldhaar, wie man so sagt, ein weiches Herz hatte, konnte sie sich auch leicht an allem Schönen freuen. Sie liebte den Gesang der Vögel, der am frühen Morgen aus dem Park in ihr Zimmer drang; sie freute sich über die bunten Schmetterlinge und sie liebte die wärmenden Strahlen der Sonne genauso wie den lauen Abendwind, wenn er die Bäume leise rauschen liess.
Die grösste Freude hatte die Prinzessin jedoch an den wunderschönen Rosen, die rings um ihren Lieblingsplatz im Park blühten. Es gab dort weisse, gelbe, rosarote und rote Rosen. Die roten liebte sie am meisten. Der Gärtner liess darum diese Rosen ganz nahe bei ihrer Bank einpflanzen, so dass sie ihren herrlichen Duft geniessen konnte, ohne dazu erst aufzustehen.

An einem schönen, warmen Sommerabend setzte sich die Prinzessin auf den grossen Balkon des Schlosses, um den Sonnenuntergang zu sehen. Ein wenig vor sich hinträumend, blickte sie über das weite Land, bis dorthin, wo man nur noch Himmel und Wasser sehen konnte. Das Meer sah aus wie ein Silberstreifen, den man in ein Feuer getaucht hatte. So rot waren die Strahlen der untergehenden Sonne. Unten im Park spielte der leichte Sommerwind mit den grünen Blättern der Bäume. Die Nacht kam herbei. Ganz zögernd liessen sich schon ein paar Sternlein blicken; aber sie waren noch sehr blass. Nur der Abendstern, der gerade über dem Schloss stand, funkelte in seinem vollen Glanz. «Wie schön

ist doch die Welt!» sagte die Prinzessin ganz leise zu sich selbst.
Kaum hatte sie das letzte Wort ausgesprochen, da hörte sie plötzlich etwas, das ihr fremd war und doch fast ein wenig vertraut. Es waren wunderbar zarte Töne. Die Prinzessin lauschte diesen herrlichen Klängen und war ganz entzückt davon. So etwas hatte sie noch nie gehört. Was konnte das sein und woher kam es nur? «Ein Vogel ist es nicht», überlegte sie. «Es ist eher wie das Säuseln des Windes – und doch kann es auch das nicht sein.» Suchend liess sie ihre Blicke über den Park gleiten. Nichts Ungewohntes war dort zu sehen. Die Prinzessin stand vor einem Rätsel. Schliesslich liess sie ihren Vater rufen.
«Was sind das für wunderliche, herrliche Klänge?» fragte sie ihn. Der König wusste es nicht. Er trat zum Fenster, horchte hinaus und sagte dann: «Wahrhaftig, da ist etwas! Aber ich weiss nicht, was es ist. Merkwürdig. Es klingt sehr schön. So etwas habe ich noch nie im Leben gehört.» Dann rief er nach einem Diener und schickte ihn in den Park hinunter, um nachzusehen. Der Diener kehrte gleich zurück und meldete, es sei ein junger Mann unten mit einem sonderbaren Instrument, dem er mit geschickter Hand diese herrlichen Töne entlocke.
«Bring ihn herauf, ich will ihn sehen», befahl die Prinzessin. Sie war so bezaubert von diesen Klängen, dass sie wusste, sie müsste sie immer und immer wieder hören und ohne sie könnte sie gar nicht mehr froh und glücklich sein. Es war, als ob sie ein kleines Stückchen in den Himmel hineingesehen hätte, und nun konnte sie dieses Stückchen Himmel nicht mehr vergessen.
Als dann der junge Spielmann vor ihr stand, betrachtete sie ihn mit Wohlgefallen. Er war ein sehr hübscher Bursche mit tiefschwarzem Haar und dunklen Augen. Es lag etwas in diesen Augen, das wie ein leichter Zauber wirkte. Vielleicht deshalb, weil sie glücklich und traurig zugleich aussahen. Die

Prinzessin musste an ihre beiden jungen Rehlein im Park unten denken. Die konnten sie auch so ansehen, dass man ihnen immer nur gut sein musste.
«Du hast mir ein Stückchen Himmel gezeigt mit deiner Kunst», sagte die Prinzessin. «Ich möchte dieses Vergnügen alle Tage haben. Du musst bei mir bleiben, so lange ich es wünsche. Am besten für immer.»
«Ich weiss nicht», sagte der Spielmann zögernd. «Ich bin es nicht gewohnt, auf einem Schloss zu leben.»
«Du wirst dich daran gewöhnen», lachte die Prinzessin. «Aber jetzt spiel mir noch etwas vor.»
Der Spielmann nahm sein Instrument zur Hand und spielte. Die Prinzessin setzte sich wieder in ihren bequemen Stuhl und hörte zu. Sie bemerkte nicht wie die Zeit verging und es draussen Nacht wurde. Die Musik des Spielmanns liess sie alles vergessen. Erst als der König ein Zeichen gab, stand sie auf. «Genug für heute», sagte sie. «Der Diener wird dir dein Zimmer zeigen. Morgen kannst du dann wieder für mich spielen. Der König wird dich gut dafür belohnen.»
Der Spielmann wagte nicht, von Fortgehen zu reden, und wünschte der Prinzessin eine gute Nacht. Dann ging er mit dem Diener hinaus.
Am nächsten Tag musste er wieder für Prinzessin Goldhaar spielen, und wieder sagte sie: «Ich lasse dich morgen rufen. Gute Nacht.»
Es vergingen viele Wochen. Die junge Prinzessin, sie zählte gerade siebzehn Jahre, wurde nicht müde, dem Spielmann zuzuhören. Seine Musik machte sie glücklich, aber sie machte sie auch unruhig. Dennoch, sie konnte nie genug davon bekommen. Oft sass sie auch mit dem Spielmann auf ihrer Lieblingsbank im Park bei den Rosen. Da musste er ihr von den fernen Ländern erzählen, die er durchwandert hatte, und von den Menschen, die dort wohnten. Sie wollte alles von ihm wissen.
Aber eines Tages, als sie wieder auf der Bank beisammen

sassen und er ihr von seinen Erlebnissen berichtete, da wurde ihm plötzlich klar, dass er nicht für immer in einem Königsschloss leben und nur für einen einzigen Menschen musizieren konnte. Auch nicht für eine schöne Prinzessin. Es zog den Spielmann mit aller Kraft wieder hinaus in die weite Welt.

Die Prinzessin wurde sehr blass, als er ihr das sagte. «Du willst fort von mir?» rief sie. «Nein, das darfst du mir nicht antun. Ich liebe deine Musik, und ich brauche sie, weil sie mich glücklich macht. Wenn du gehst, habe ich keine Freude mehr am Leben.»

Der Spielmann fasste nach einer der roten Rosen in seiner Nähe, zeigte sie der Prinzessin und sagte: «Sieh dir diese Rose an! Man sagt, sie ist die Königin der Blumen. Scheint aber deshalb die Sonne nur für sie allein? O nein, die gute Sonne wirft ihre Strahlen auch auf die bescheidenen Blümchen in Feld und Wald, auf Wiesen und Äckern, auf den Bergen und in den Tälern. Sie alle haben die Strahlen der Sonne genauso nötig zum Blühen und Leben wie die Rose.»

Die Prinzessin war bei diesen Worten sehr nachdenklich geworden. Sie hatte verstanden, was ihr der Spielmann damit sagen wollte. «Du hast recht», antwortete sie ihm. «Auch andere Menschen haben ein Recht auf deine Musik und brauchen ein wenig Glück. Vergiss aber nicht, dass auch die Rose immer wieder etwas Sonne braucht. Bleibe darum nicht für immer fort. Komm bald wieder zurück. Ich warte auf dich.»

«Ich will es nicht vergessen», sagte der Spielmann. «Ich komme bestimmt wieder.»

Reich beschenkt verliess der Spielmann ein paar Tage später das Schloss. Die Prinzessin stand auf dem Balkon, winkte ihm einen Abschiedsgruss zu und hatte zum erstenmal Tränen in den Augen. «Er kommt ja wieder», sagte tröstend der König, der neben ihr stand.

Der Spielmann zog im ganzen Lande herum. Er war sehr

lustig und glücklich. Das Leben war ja so herrlich für ihn. Überall, wo er hinkam, bezauberte er die Menschen mit seiner Musik. Und überall, wo er vorbeiwanderte, blühten die Blumen auf den Wiesen und in den Gärten in ihren schönsten Farben. Es sah für ihn aus, als ob sie nur gerade seinetwegen blühten. Da pflückte sich der Spielmann oft einen schönen Strauss und freute sich daran. Manchmal waren es Nelken, manchmal aber auch Margeriten oder kleine Veilchen. Er liebte alle Blumen. Wenn er aber eine Rose sah, liess er sie stehen. Er betrachtete sie nur sehr lange und freute sich an ihrer Schönheit. «Wenn ich sie pflücke», dachte er, «dann muss sie in meiner Hand verwelken.» Das wollte er nicht. Er musste nämlich jedesmal, wenn er eine Rose sah, an die liebliche Prinzessin Goldhaar denken. Nur an sein Versprechen, zu ihr zurückzukehren, dachte er nicht. Seine Wanderlust und sein Wunsch, für alle Menschen zu spielen, trieben ihn immer weiter fort. Die Prinzessin aber ging jeden Tag, noch ehe sich die Diener den Schlaf aus den Augen gerieben hatten, auf den höchsten Turm ihres Schlosses und sah nach dem hübschen Spielmann aus. Doch jedesmal musste sie enttäuscht wieder hinuntergehen. Er war nirgends zu sehen.
So verging ein Monat nach dem anderen. Prinzessin Goldhaar wartete und wartete. Der Winter ging vorbei, der Frühling begann dem Sommer zu weichen, die Rosen erblühten wieder in ihrer ganzen Pracht. Die Prinzessin setzte sich traurig auf ihre Lieblingsbank und dachte an den Spielmann. Die Rosen um sie her erinnerten sie an all das, was er ihr beim Abschied gesagt hatte, aber auch an sein Versprechen, zurückzukommen. «Und nun hält er sein Versprechen nicht», dachte die Prinzessin und begann zu weinen. Sie weinte so viel, dass die roten Rosen von ihren Tränen ganz nass wurden. Das geschah nun jeden Tag. Immer sass die Prinzessin auf ihrer Bank und liess ihre Tränen fliessen, und immer wieder tropften sie auf die Rosenblätter, bis sich diese

ganz dunkel färbten. Sie kamen ja einfach nicht dazu, einmal zu trocknen. Zuletzt waren sie fast schwarz. «Arme Rosen», dachte die Prinzessin. «Nun sind sie auch krank, so wie ich, und müssen vielleicht sterben.»
Noch ein Jahr ging vorbei. Die Prinzessin war krank geworden und konnte sich nicht mehr in den Garten zu ihren Rosen setzen. «Die blühen sicher gar nicht mehr», sagte sie zum König. «Im letzten Sommer waren sie ja schon ganz schwarz.» Der König ging in den Park, um nachzusehen, und kam gleich wieder zurück. «Ein Wunder!» rief er. «Die Rosen blühen so schön wie in jedem Jahr, aber ein Teil von ihnen ist ganz dunkel geworden, fast schwarz. So etwas habe ich noch nie gesehen. Jetzt besitzen wir Rosen, wie sie sonst niemand auf der Welt hat.»
Während der König das seiner Tochter erzählte, ging unten eine junge Frau durch den Park und besah sich die Rosen. Sie war schön und zart, diese Frau. «Darf ich eine dieser Rosen haben?» fragte sie den Gärtner. «Ich liebe Rosen, und so schöne habe ich noch nie gesehen. Die sind wohl sehr selten? Woher habt ihr sie?»
«In den Blättern dieser Rosen sind die Tränen einer Prinzessin, die um einen Spielmann weint», sagte der Gärtner. «Ich will Euch einen kleinen Rosenstock geben, wenn Ihr dafür sorgen wollt, dass diese Blume in alle Länder rings um dieses Land kommt. Und ihr müsst allen Menschen erzählen, weshalb diese Rosen schwarz sind. Vielleicht vernimmt es dann eines Tages auch der Spielmann und kommt zurück.»
«Die Tränen einer Prinzessin», sagte die Frau und weinte fast selbst dabei. «Ich will es weitersagen. Die ganze Welt soll es wissen.» Und sie trug den Rosenstock wie ein kostbares, zerbrechliches Kleinod mit sich fort. Später verschenkte sie viele junge Rosenstöcke weiter, und so kamen die schwarzen Rosen in viele Länder und wurden überall bewundert. Jeder, der einen solchen Rosenstock bekam, musste nämlich versprechen, für seine weitere Verbreitung zu sorgen

und die Geschichte von der Prinzessin und dem Spielmann dabei nicht zu vergessen. Nur der Spielmann, der wusste von all dem nichts. Er zog von Ort zu Ort, machte Musik, liess sich bewundern und verwöhnen und war glücklich. Die Prinzessin hatte er bereits vergessen.

Doch einmal, als er in einer kleinen Stadt auf dem Marktplatz gespielt hatte, kam ein junges Mädchen zu ihm und sagte: «Du hast schön gespielt und ich möchte dich dafür belohnen. Ich kann dir aber kein Geld geben. Ich besitze nichts als diese Rose, die ich da in der Hand habe. Nimm sie als Dank für deine Musik. Es ist eine kostbare Blume, denn in ihren Blättern sind die Tränen einer Prinzessin, die um einen Spielmann weint. Darum heisst die Blume auch ‹Spielmannsrose›. Wer weiss, vielleicht bist gerade du dieser Spielmann?»

Das Mädchen ging davon, ohne sich noch einmal umzusehen. Der Spielmann aber blieb stehen und sah auf die Rose hinunter. «Spielmannsrose» – welche Ehre für ihn. Aber da fiel ihm auch die Prinzessin ein. In Gedanken sah er ihr liebliches Gesicht. Ob sie wohl noch immer unter ihren Rosen sass und weinte? Er nahm sein Musikinstrument und ging davon. Plötzlich hatte er es sehr eilig.

Der König hatte viele Boten ausgesandt, den Spielmann zu suchen, denn er wollte doch, dass seine Tochter wieder gesund werde. Keiner konnte ihn finden. Da liess der König einen anderen Spielmann kommen. Auch er musizierte im Schlosspark, aber die Prinzessin sagte: «Es ist nicht mein Spielmann, und nicht seine Musik. Schick ihn wieder fort, bitte!»

Traurig setzte sich der König zur Prinzessin ans Fenster und sah mit ihr in die Nacht hinaus. Er wusste keinen Rat mehr. Sein Kind war nun so krank, dass es nicht mehr die Kraft hatte, vom Stuhl aufzustehen und herumzugehen.

«Womit habe ich das verdient!» seufzte der König und begann zu weinen. Plötzlich drangen durch die Stille der

Nacht ganz zarte Töne. Es war eine liebliche Musik, wie sie nur einer spielen konnte.
«Der Spielmann!» rief die Prinzessin. Ihre Wangen bekamen wieder Farbe. Sie versuchte, zum Fenster zu gehen. Der König stützte sie. «Ja, es ist unser Spielmann», sagte er glücklich. «Diesmal lasse ich ihn nicht wieder fort.»
«Ich auch nicht! Wehe, wenn er es noch einmal versuchen sollte!» Die Prinzessin lachte zum erstenmal seit ein paar Jahren wieder. Ihre blauen Augen strahlten vor Glück.
Der Spielmann aber betrat nun das Schloss und gab der Prinzessin seine schwarze Rose als Brautgeschenk. Er ging nie wieder, denn er nahm die Prinzessin zur Frau und wurde später ein guter und glücklicher König.
Die schwarze Rose blüht heute in vielen Gärten und wird sehr geliebt und bewundert. Ihre Geschichte kennt heute niemand mehr. Darum heisst sie auch nicht mehr «Spielmannsrose», sondern man nennt sie ganz einfach und bescheiden «schwarze Rose».

*

«Und denkt ihr auch noch an die Geschichte vom Goldregen?» fragt die Rose die anderen Blumen. «Die ist doch genauso schön. Sie beginnt zwar auch ein wenig traurig, aber das macht nichts.»
«Darf ich die erzählen?» ruft das Schlüsselblümchen.
«Hu, schon wieder etwas Trauriges», sagt die Trollblume und schüttelt sich. «Heute werde ich bestimmt ganz schlecht schlafen.»
«Unsinn!» ruft die Nelke. «Wir wollen die Geschichte hören. Und Karin ist auch schon ganz neugierig darauf.»
Die Rose nickt dem kleinen Schlüsselblümchen zu. Dieses streckt sich in die Höhe, um ja gut verstanden zu werden, und erzählt

Die Geschichte vom Goldregen

Sie hatten kein richtiges Heim, sie waren Zigeuner. Mit einem alten Wagen, gezogen von einem etwas müden Pferd, gingen sie von Stadt zu Stadt, von Land zu Land, und verdienten sich ihr Geld mit Musik und Tanz. Der Vater spielte auf seiner Geige feurige Melodien. Die Mutter tanzte dazu. Manchmal las sie den Leuten auch aus der Hand die Zukunft heraus. Dann war da noch ihr kleines Mädchen. Es hiess Manja, war gerade acht Jahre alt und sehr hübsch. Auch Manja musste zu Vaters Musik tanzen. Ihr Tanz war etwas besonders Schönes. Sie schwebte wie eine Elfe, drehte sich wie ein Schmetterling und hüpfte umher wie ein kleines Vögelchen. Die Leute, die ihr zusahen, gaben dafür jedesmal ein gutes Stück Geld. Sie hatten Mitleid mit dem kleinen Mädchen.
Aber je mehr Geld die Eltern für Manja bekamen, um so mehr musste sie tanzen. Oft taten ihr die kleinen Füsschen schrecklich weh. Aber sie zeigte es nicht. Sie wollte doch gehorsam sein und die Eltern nicht betrüben. So tanzte sie schon am Morgen, dann wieder am Nachmittag, am Abend und manchmal sogar noch, wenn schon die Nacht hereinbrach. Und um das Kind herum standen im Kreise die Menschen, die weder seine Sprache noch seinen Tanz verstanden. Sie sahen ihm zu, bis es sich ermüdet und erschöpft zur Erde fallen liess. Dann klatschten sie in die Hände, riefen «Bravo» und warfen ihm ihre Geldstücke zu. Mit traurigem Blick hob das Kind sie auf und gab sie seiner Mutter.

Einmal, als Manja in einem grösseren Dorf spät am Abend noch tanzte, ging gerade die Glücksfee vorbei. Sie hatte sich auf den Weg gemacht, um einem guten Menschen, der in Not war, zu helfen. Bei den Zigeunern blieb sie stehen. Sie sah Manjas Tanz zu wie alle anderen. Aber sie sah mehr als die anderen Leute; nämlich die wunden Füsse des kleinen Mädchens, das ja weder Schuhe noch Strümpfe besass. «Armes Kind», sagte sie. «Ihm muss geholfen werden. Jetzt brauche

ich heute nicht mehr weiterzusuchen. Dieses nette kleine Mädchen hier will ich glücklich machen.»
Das kleine Mädchen hatte an diesem Tag schon fünfmal getanzt. Es war müde und schläfrig. Das Lächeln auf seinen Lippen war gar nicht fröhlich. Aber die Leute, die herumstanden, hatten keinen Blick dafür. Ihnen gefiel einfach Manjas hübsches Gesicht und sie freuten sich an ihren Tänzen.
«Wie schön muss es sein, so tanzen zu können!» sagte eine junge Frau. «Und gar nichts anderes tun müssen als tanzen», meinte ein junges Mädchen mit schelmischen Augen.
Manjas Tanz zeigte nichts von jener Müdigkeit, die sie in ihren Beinchen verspürte. Sie wirbelte herum wie ein übermütiger Kobold, sie drehte sich im Kreise: zehnmal, zwanzigmal, noch öfters. Dann liess sie sich zu Boden fallen, langsam erschöpft.
«Bravo», schrien die Leute und warfen ihr Münzen hin. Es dauerte einige Zeit, bis Manja aufstand und sie zusammensuchte, um sie der Mutter zu geben. Die Leute aus dem Dorf wollten noch mehr sehen, aber Manja schüttelte traurig das Köpfchen. Sie konnte kaum noch auf den Füssen stehen, so müde war sie. Zärtlich nahm ihre Mutter sie auf die Arme und trug sie zum Wagen. Ein Bett aus Stroh und alten Decken stand dort für sie bereit.
Es war nicht schön, auch nicht gerade weich, aber für Manja war es etwas Wunderbares, denn hier konnte sie sich ausruhen, schlafen und träumen.
Vater und Mutter machten sich noch draussen zu schaffen, nachdem die Leute aus dem Dorf weggegangen waren. Vater sammelte Holz für das Feuer am Morgen und Mutter zählte die Münzen zusammen. Manja hörte sie reden.
«Manja wird nicht mehr tanzen», sagte die Zigeunerin zu ihrem Mann. «Sie ist immer so müde. Wenn das so weitergeht, wird sie uns noch krank.»
Der Vater machte ein fast böses Gesicht. «So, und wovon

leben wir dann? Glaubst du, dass man mir für mein Geigenspiel so viel geben würde wie für Manjas Tanz? Man gibt uns fast alles nur wegen Manja. Und denk doch daran, dass wir auch für ihre Zukunft sorgen müssen. Was soll aus ihr werden, wenn wir beide einmal nicht mehr da sind?»
Die Mutter sagte nichts mehr. Sie weinte.
Beide hörten sie nicht, dass jemand sich näherte. Es war die Glücksfee. Sie sah zu, wie das Zigeunerpaar in den Wagen stieg, um das Lager aufzusuchen. Noch ein Weilchen wartete sie, bis ringsum alles still war. Dann nahm sie ihren goldenen Zauberstab zur Hand und schlug damit dreimal sachte auf die Erde. Plötzlich stand da ein schöner Strauch mit goldgelben Blüten. Er leuchtete wie ein grosser, guter Stern in die Nacht hinein. «So!» sagte das Glück nur und lächelte zufrieden. Dann pochte es an die Tür des Wagens.
Der Zigeuner kam heraus und sah sich verwundert um. Plötzlich entdeckte er den wunderschönen Strauch mit den gelben Blüten. Er näherte sich ihm. «Was ist denn das?» rief er überrascht aus. «Der ist doch vorher noch gar nicht dagewesen». Und den Strauch näher betrachtend: «So einen habe ich bisher nie gesehen. Was mag das sein?»
«Es ist Goldregen.»
Der Zigeuner sah nun auch die Glücksfee. Sie war so schön, dass er sich an den Kopf schlug, um zu sehen, ob er schlafe oder wache.
«Nein, es ist kein Traum», sagte die Glücksfee. «Ich bin das Glück und ich will dir helfen. Ich will vor allem Manja helfen, damit sie nicht mehr tanzen muss. Dieser Strauch hier wird dir Gold geben, soviel du brauchst, um ein sesshaftes und gesundes Leben zu führen – aber nicht mehr, verstehst du? Lass auf diesem schönen Flecken Erde ein kleines, einfaches Haus bauen – ein Zuhause für Manja. Aber eines musst du mir versprechen. Du darfst das Kind nie mehr für jemanden tanzen lassen. Tust du es doch, dann geht die Zauberkraft des Strauches verloren und du bist wieder ein armer

Zigeuner. Hier ist der Spruch, den du sagen musst, wenn du Gold brauchst.»
Die Glücksfee drückte dem Zigeuner einen kleinen, weissen Zettel in die Hand und verschwand. Er hatte nicht einmal mehr Gelegenheit, sich bei ihr zu bedanken. Ganz verstört blieb er einen Augenblick stehen, sah einmal auf den Strauch und dann wieder auf den Zettel mit dem Verslein. Der Morgen dämmerte schon und es wurde ein wenig hell. Da nahm der Zigeuner seinen ganzen Mut zusammen und las laut den kleinen Vers:

Goldregen
Gib uns Segen.
Breit Deine Arme aus
Gib Deinen Schatz heraus!

Und siehe da: Die zarten Zweige senkten sich ganz zur Erde und aus den gelben Blüten fielen die Goldstücke wie Regentropfen in die Wiese.
«Danke!» rief der Zigeuner erfreut und hob sie sorgfältig auf. Aber dann wurde er ganz aufgeregt, lief zum Wagen und weckte seine Frau und Manja, die noch geschlafen hatten. Er zeigte ihnen das Gold, den Wunderstrauch und erzählte von der Glücksfee, die ihnen das Wunder geschenkt hatte. Das war nun ein Jubel. Die Mutter lachte und weinte zugleich und Manja flüsterte ein «Dankeschön» für die gute Fee.
Und dann, als es ganz hell wurde, gingen sie zu einem Baumeister. Der baute ihnen ein schönes kleines Haus und liess ringsum auch einen Garten anlegen. In diesem Garten, an einer besonders schönen Stelle, stand ihr Wunderstrauch, den sie jetzt «Goldregen» nannten. Immer, wenn sie etwas brauchten, gingen sie zu ihm hin, sagten das Sprüchlein auf und er liess seine paar Goldstücke fallen. Es waren aber stets nur so viel, wie sie für ein bescheidenes Leben brauchten. Sie wünschten sich auch nicht mehr, denn sie waren zufriedene Menschen.

Das ging einige Jahre so, und sie lebten sehr glücklich. Manja genoss jeden Tag, seit sie nicht mehr tanzen musste. Sie lachte und sang, dass es eine Freude war. Und sie wurde auch mit jedem Tag nicht nur älter, sondern auch noch schöner. Das machte die Leute im Dorf jedoch neidisch. Sie sprachen zwar viel mit der Frau des Zigeuners. Aber sie taten es nur, weil sie wissen wollten, woher sie plötzlich Geld für ein Haus hatten, für den schönen Garten und all die anderen Dinge, die man zum Leben braucht wie Kleider, Essen und Trinken und anderes. Die Frau konnte schliesslich nicht mehr schweigen und erzählte von dem Strauch, der ihnen das Gold gab. Daraufhin stahlen sich nachts einige in den Garten und brachen Zweige ab, um sie mit Wasser und Erde zu einem neuen Strauch werden zu lassen. Sie hatten aber kein Glück damit. Der Zweig entwickelte sich zwar zu einem grossen, prächtigen Strauch; aber Gold wollte er ihnen keines geben. Da wurden sie sehr böse auf den Zigeuner und überlegten, wie sie ihm schaden könnten.

Eines Tages sagte ein Bauer zu seinem Nachbarn: «Ich kenne jetzt das Geheimnis des Goldregens. Manjas Mutter hat es meiner Frau erzählt. Wenn Manja für irgend jemand tanzt, dann geht die Zauberkraft des Strauches verloren.» «So will ich Manja bald tanzen sehen!» rief der Nachbar und lachte.
Die Gelegenheit kam schneller, als sie alle gedacht hatten. Der junge Prinz war auf einer Reise durch das Land und musste gerade in diesem Dorf halt machen, weil sein Pferd ein Hufeisen verloren hatte. Natürlich erzählten ihm die Dorfleute sofort von Manja und ihrer elfenhaften Art zu tanzen. Sie wussten ja jetzt alle, dass Manja nicht tanzen durfte, weil sonst der Goldregen nichts mehr hergab. Und sie wollten, dass er das tat. «Dem Prinzen darf sie nichts abschlagen», dachten sie. «Jetzt muss sie einfach tanzen, ob

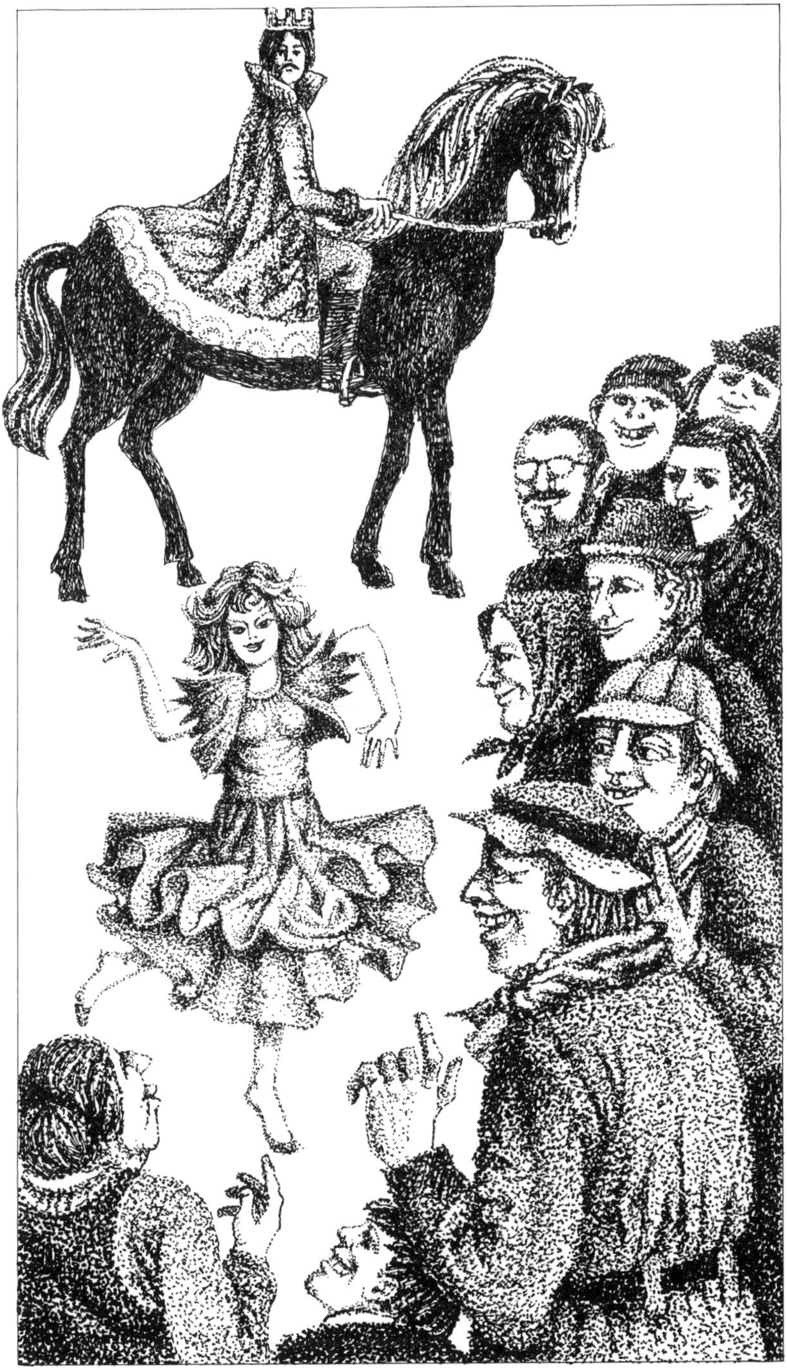

sie es will oder nicht.» Der Prinz war neugierig. Er wollte Manja tanzen sehen, um jeden Preis. Manja erschrak, als sie vom Wunsch des Prinzen hörte. Auch die Mutter bekam Angst. Der Vater jedoch meinte: «Dem Prinzen müssen wir gehorchen. Er kann uns sonst alle einsperren lassen. Und wer weiss, vielleicht macht Manja ihr Glück dabei. Der Strauch wird uns das sicher nicht übelnehmen, diesen einzigen Tanz.» So wurde Manja überredet, bis sie sich bereit erklärte, für den Prinzen zu tanzen. Sie ging in ihr Zimmer und schmückte sich. «Ob ich überhaupt noch tanzen kann?» überlegte sie, als sie sich mit klopfendem Herzen vor dem Prinzen verbeugte. O ja, sie konnte es noch. Sie tanzte mit einer Leichtigkeit und Grazie, dass es dem Prinzen ganz merkwürdig zumute wurde. Sie tanzte sich in sein Herz hinein. Aber das bemerkte er gar nicht. Er warf ihr ein paar Goldstücke zu und ging davon. Als der Prinz gegangen war, wurde der Zigeuner unruhig. «Ich muss sehen, ob der Strauch wirklich kein Gold mehr gibt», dachte er. Er machte sich auf in den Garten, stand vor den Zauberstrauch und sagte sein Sprüchlein auf. Aber es geschah nichts. Kein einziges Goldstückchen war mehr zu sehen. Immer wieder versuchte es der Mann. Als er sah, dass die Worte der Glücksfee zur Wahrheit geworden waren, weinte er verzweifelt. Manja und ihre Mutter kamen herbeigeeilt und weinten ebenfalls, als sie von dem Unglück vernahmen. Sie wussten alle drei nicht, was sie tun sollten. «Ich werde wohl wieder einen Wagen und ein Pferd kaufen müssen», meinte der Zigeuner traurig. Manja seufzte. Es würde ihr sehr schwer fallen, dieses kleine Haus mit dem schönen Garten für immer zu verlassen.

Die Glücksfee stand unerkannt vor dem Gartenzaun und sah zu. «Das wollte ich nicht», sagte sie. «Daran habe ich nicht gedacht, dass Manja tanzen muss, wenn ein Prinz es verlangt. Ich will versuchen, ihr noch einmal zu helfen, und ich weiss auch schon wie.»

In jener Nacht träumte der Prinz von Manjas Tanz. Als er aufwachte, musste er noch lange an sie denken. Und dann kam dieser Traum jede Nacht zu ihm. Er liess ihm keine Ruhe mehr. Manja war so schön und tanzte immer wie eine Elfe. «Sie muss meine Frau werden», sagte er eines Morgens, als er aufwachte. «Gleich heute werde ich hingehen und um ihre Hand bitten. Dann wird sie nur für mich tanzen und für keinen anderen.»
Als er zum Hause des Zigeuners kam, stand der wieder im Garten vor seinem Strauch und murmelte sein Sprüchlein. Dabei weinte er wie ein Kind. Der Prinz trat neugierig hinzu. «Warum weint Ihr? Was ist geschehen?»
«Der Goldregen!» klagte der Zigeuner. «Es ist aus mit ihm.» Und dann erzählte er dem Prinzen die ganze Geschichte von Manjas Jugend, von der Glücksfee und der Zauberkraft des schönen Strauches. Der Prinz war sehr gerührt. «Dass Eure Tochter trotzdem für mich tanzte, will ich ihr lohnen», rief er. «Ich bin gekommen, weil ich Manja bitten will, meine Königin zu werden. Verkauft das Haus und kommt mit auf mein Schloss. Dort werdet Ihr es mindestens so gut haben wie hier.»
So wurde Manja Königin. Im Park ihres Schlosses, an ihrem Lieblingsplätzchen, liess sie den Strauch der Glücksfee, den sie noch immer «Goldregen» nannte, einpflanzen. Zwar spendete er kein Gold mehr – aber die Königin und mit ihr der ganze Hof freuten sich an seiner zarten Schönheit.
Heute gibt es solche Sträucher in vielen Gärten. Keiner von ihnen hat die Zauberkraft des ersten, aber trotzdem wird er noch immer «Goldregen» genannt.

*

«Goldregen, das ist ein schöner Name», sagt Karin. «Und er ist auch ein schöner Strauch mit seinen vielen gelben Blüten. Ich habe ihn sehr gern.»
«Danke, mein Kind», ruft ihm der Goldregen zu.
Die Königin wendet sich an das Schlüsselblümchen. «Du hast deine Geschichte sehr schön erzählt.»
«Ja, ganz nett», meint die Schwertlilie. Sie ist fast ein wenig beleidigt, weil noch keiner von ihr gesprochen hat. Und ihre Geschichte ist doch ganz besonders schön. Es ist eine lange Geschichte. Wahrscheinlich ist niemand da, der sie kennt. Soll sie vielleicht selber sprechen?
«Ich lese deine Gedanken, liebe Schwertlilie», sagt die Königin. «Du möchtest, dass wir auch etwas von dir berichten. Ja, deine Geschichte ist sehr lang, aber sie ist auch sehr schön. Sicher wird sie Karin gut gefallen. Also, wer weiss sie noch?»
Alle sehen sich an. Es ist nicht leicht, diese Geschichte zu erzählen. Und sie wissen, am besten tut das ihre Königin, die Rose.
«Wollen Sie nicht reden, Frau Königin?» wagt die Trollblume vorzuschlagen.
«Wenn ihr meint? Gut. Ihr dürft sie alle wieder einmal hören,

Die Geschichte der Schwertlilie

Es war einmal eine schöne Prinzessin, die hatte eine ganz besondere Liebe zu den Blumen. In ihrem Garten blühte es das ganze Jahr hindurch. Da gab es Blumen von jeder Farbe, und manche von ihnen hatten einen herrlichen, berauschenden Duft. Selbst im Winter, wenn der erste Frost kam, gab es bei ihr noch Rosen. Sie waren weiss und ganz anders als die anderen. Christrosen nannte man sie. Die hatte ihr einmal ein Prinz aus dem Norden zum Geschenk gemacht.

Die Prinzessin war die einzige Tochter des Königs, und so kam es, dass der Vater eines Tages zu ihr sagte: «Du bist nun kein Kind mehr und wir müssen an deine Zukunft denken. Ich will dir unter den Vornehmsten meines Königreiches einen Mann suchen. Gefällt er dir, dann soll auch gleich die Hochzeit gefeiert werden. Ich bin alt und mag nicht mehr regieren.»

Die Prinzessin überlegte sich das alles zuerst ein wenig und sagte dann: «Da es nicht um Euch geht, Vater, sondern um mich, so erlaubt, dass ich mir selbst meinen Ehemann auswähle. Ich will einen, der gut, klug und treu ist – aber auch mutig soll er sein.»

Der König fand, das sei wohl richtig so, und überliess alles seiner Tochter. Die Prinzessin aber ging hinaus in den Garten und sann eifrig darüber nach, wie sie es anstellen könnte, den richtigen Gemahl und zukünftigen König zu finden. Es war noch früh am Nachmittag. Der Garten glich einem schlafenden Paradies. Alle Blumen und Sträucher machten ein kleines Nickerchen, müde von den heissen Strahlen der Sommersonne. Nur manchmal flog ein bunter Schmetterling durch die Luft oder eine Eidechse hüpfte wie aufgeregt über einen der schmalen Kieswege. Die Prinzessin ging durch diese stille Pracht, ohne etwas davon zu sehen. Bei keiner der seltenen Blumen blieb sie stehen, wie sie es sonst gewöhnlich tat, um sich an ihr zu freuen. Sie dachte nach, überlegte und prüfte, und doch wollte ihr nichts Rechtes einfallen.

Plötzlich vernahm sie hinter ihrem Rücken ein leises

Kichern. Sie drehte sich um. Da stand Pucki, der Hofnarr, und sah sie mit seinen grossen Kinderaugen erstaunt an. «Seid Ihr heute schlecht gelaunt, meine schöne Prinzessin? Was ist denn geschehen, dass Ihr so ein ernstes Gesicht macht? Bitte sagt es Eurem Pucki!»

Die Prinzessin machte schon ein viel freundlicheres Gesicht, beugte sich zum Narren hinunter wie zu einem kleinen Kind und sagte: «Schau, Pucki, das ist eine schwierige Sache. Ich soll heiraten.»

«Heiraten?» Die Augen des Narren rollten vor Vergnügen wie kleine Kugeln. «Aber das ist doch etwas Feines. Es wird ein grosses Fest geben mit viel guten Sachen zum Essen und Trinken. Ihr werdet ein schönes Kleid tragen und goldene Schuhe und Ihr werdet die ganze Nacht tanzen und fröhlich sein. Auch Pucki will tanzen.»

«O gewiss», meinte die Prinzessin. «Aber ich weiss ja noch gar nicht, wen ich heiraten soll.» Die Antwort des Narren war ganz kurz. «Den Besten natürlich!» sagte er.

«Und wer ist nach deiner Meinung der Beste?» wollte die Prinzessin wissen. – «Der, welcher Euch am meisten liebt.»

«Und wer liebt mich am meisten?» – «Der den grössten Mut hat und am meisten für Euch wagt.»

«Das ist eine gute Antwort», lobte die Prinzessin. «Ich will also meine Bewerber auf die Probe stellen. Aber wie mache ich das?»

Pucki schlug vor: «Sie sollen zu einem Schwertkampf antreten. Wer siegt, wird dann Euer Mann.»

Da schüttelte die Prinzessin ganz energisch den Kopf. «Es würden ja einige verwundet werden. Das darf aber nicht sein. Nein, das ist nicht das Richtige.»

«Ja, dann weiss ich auch nicht . .» Der Narr griff nach einer Blume, die ihm gerade bis zur Schulter reichte, und dachte dabei angestrengt über diese Sache nach. Auch die Prinzessin sah nachdenklich auf jene Blume, und dabei fiel ihr nun etwas ein. «Ich hab's!» rief sie lachend. «Pass auf, Pucki, ich

habe einen glänzenden Einfall. Wer mir eine Blume bringt, die es noch in keinem Garten, auf keiner Wiese und in keinem Wald gibt, der soll mein Mann werden.»
Pucki machte so grosse Augen wie ein erschrockenes Kind. «Eine sehr schwierige Aufgabe.» Und er seufzte, als ob er selber diese Blume suchen müsste.
«Je schwieriger, desto besser», rief die Prinzessin übermütig. In den darauffolgenden drei Tagen meldeten sich sieben junge Ritter und Edelleute im Schloss und erklärten, sie wollten der Prinzessin eine noch unbekannte Blume suchen. «Wo willst du denn suchen?» fragte die Prinzessin einen schlanken jungen Ritter, dessen dunkle Augen und feine Manieren ihr sehr wohl gefielen. «Irgendwo», sagte er. «Mein Pferd wird mich führen. Es ist sehr klug und bringt mich bestimmt an den richtigen Ort.»
«Darf ich dein Pferd sehen?» bat die Prinzessin. In ihrem Herzen trug sie schon heimlich den Wunsch, es möge gerade diesem jungen Ritter gelingen, die von ihr begehrte Blume zu finden. Zögernd und doch ziemlich aufgeregt folgte sie ihm vor das Tor des Schlosses, wo sie ein schön gewachsenes, braunes Pferd mit rötlicher Mähne sah. Ihre Augen leuchteten vor Freude und Bewunderung. «Wie heisst dieses prächtige Tier?» fragte sie den Ritter. – «Bella.»
«Die Schöne? Ja, das ist wohl der richtige Name», meinte die Prinzessin. Sie gab dem Pferd einen Leckerbissen und streichelte ihm liebkosend den Rücken. Bella fühlte sich dabei sichtlich wohl, denn ihr Wiehern klang wie ein Freudenschrei.
«Bella wird ihre Sache gut machen», sagte der Ritter und küsste der Prinzessin zum Abschied die Hand. Die Prinzessin antwortete nicht. Mit ein wenig traurigen Augen sah sie dem Ritter nach, wie er sein Pferd bestieg und im Galopp davonritt. «Wie mag es ihm wohl gehen?» dachte sie. Jetzt tat es ihr fast ein wenig leid, dass sie eine solche Bedingung gestellt hatte.

«Aber es ist doch gut, zu wissen, was er für Euch wagt;» sagte da jemand. Erschrocken wandte sich die Prinzessin um. Es war natürlich wieder der kleine Hofnarr, der gesprochen hatte. «Ach, Pucki», sagte die Prinzessin und seufzte, «glaubst du, dass er mit der Blume zurückkommt?» Pucki lachte diesmal nicht, als er zur Antwort gab: «Ich will es glauben, damit auch Ihr daran glaubt, schöne Prinzessin.»
Der Ritter war schon einige Meilen von der Stadt entfernt, da stieg er von seinem Pferd herunter und führte es zu einem Brunnen, damit es sich erfrische. Dabei gab er ihm einen zärtlichen Klaps und sagte: «Wir sind nun auf einer grossen und vielleicht auch gefährlichen Reise, meine liebe Bella. Du wirst sicher oft müde werden. Vielleicht gibt es auch nicht immer genügend Hafer für dich. Willst du dennoch zur mir halten und mir helfen, die seltene Blume zu finden, mit der ich die schöne Prinzessin gewinne?»
Bella wieherte, als ob sie die Worte des Ritters verstanden hätte, und nickte sogar ein wenig mit dem Kopf. Noch einmal bekam sie, wie zum Dank, einen zärtlichen Klaps auf den Rücken, und weiter ging die Reise. Morgens und abends trabte Bella munter durch Feld und Wald. Nur um die Mittagszeit, wenn es gar zu heiss war und man nirgends auf Wasser stiess, mit dem man sich hätte erfrischen können, ging es ziemlich langsam vorwärts. Der Ritter stieg dann gewöhnlich ab, um das Tier nicht unnütz zu ermüden, und ging mit kräftigen Schritten neben ihm her. Und Bella war ihm sehr dankbar dafür.
Dreimal sieben Tage waren sie schon auf der Wanderschaft, als sie mitten in einem Wald von der hereinbrechenden Nacht überrascht wurden. Es war ein dichter, fast unheimlicher Wald, der kein Ende zu nehmen schien.
«Nun müssen wir hier übernachten», meinte der Ritter. Bella schien dasselbe zu denken, denn sie legte sich ganz einfach unter einen Baum und schlief ein. Der Ritter aber dachte: «Vielleicht gibt es wilde Tiere in diesem Wald. Sie

könnten meinem Pferd etwas antun. Ich muss wachen und aufpassen.» Und so kam es, dass der junge Ritter die ganze Nacht wachend an einem Baumstamm lehnend sass und an die schöne Prinzessin dachte.

Gegen Morgen war er jedoch so müde, dass er ganz gegen seinen Willen einschlief, und da hatte er einen merkwürdigen Traum. Er ging weiter durch den grossen Wald und kam zu einer Felsenhöhle. Vor dieser sass ein altes Weib mit nur einem Auge und ringsum lagen viele tote Vögel. Das Weib sortierte sie, indem es die kleinen auf den Haufen zur Linken warf und die grösseren auf den zur Rechten. Dazu sang die Alte ein lustiges Lied; aber es klang noch abscheulicher als das Geschrei einer Krähe. Der Ritter sah über das hässliche alte Weib hinweg zur Höhle. Da stand sein Herz einen Augenblick still, um dann aber um so lauter und schneller zu pochen. Hier, in dieser Höhle, war das, was er suchte: Eine Blume, die es noch in keinem Garten, auf keiner Wiese und überhaupt nirgends gab. Sie hatte ungefähr die Form einer Lilie, doch waren ihre etwas anders gearteten Blüten nicht weiss, sondern von einem seltenen, zarten Blau.

«Das ist meine Blume», flüsterte der Ritter, ganz versunken in ihren Anblick. Ein lautes, heiseres Lachen war die Antwort der Einäugigen. Sie richtete ihr böses Auge drohend auf ihn und lachte wieder so schrecklich, dass es dem Ritter schien, der Waldboden erzittere davon. Durch diesen Schrekken wachte er aus seinem Schlaf auf. Verwundert sah er sich um. Es war also wirklich nur ein Traum gewesen. Neben ihm lag seine treue Bella und schmiegte den Kopf an seine Knie. Der Ritter horchte angestrengt in den Wald hinein. Drang da nicht aus weiter Ferne etwas zu seinen Ohren? War es nicht dieses fürchterliche Lachen der einäugigen Hexe, das er schon im Traum vernommen hatte – nur viel lauter und schrecklicher? Oder narrte ihn seine Phantasie? Vielleicht doch nicht! Denn auch Bella hob jetzt ihren Kopf und lauschte. Sie wurde unruhig, wie immer, wenn irgendeine

Gefahr drohte. Nun wusste der Ritter, dass er sich nicht getäuscht hatte. In diesem Wald gab es etwas Geheimnisvolles, Gefährliches. Wie um sich selbst zu beruhigen, griff er nach seinem Schwert. Es war noch da. Niemand hatte es ihm abgenommen. Den ganzen Tag wanderten sie durch diesen Wald. Er wollte kein Ende nehmen. «Vielleicht kommen wir überhaupt nie mehr da hinaus», dachte der Ritter. Bella befürchtete dasselbe. Der Ritter fühlte ihre Unruhe und ihren beinahe ängstlichen Schritt.

Plötzlich blieb Bella stehen, bäumte sich auf und stiess einen Laut aus, der wie ein Notschrei klang und im Wald ein unheimliches Echo gab, das bis weit in die Ferne zu hören sein musste. Der Ritter hielt die Zügel krampfhaft fest und starrte auf das Bild, das sich ihm da so plötzlich bot.

Ungefähr drei Meter von ihm entfernt sass die Einäugige, wie er sie im Traum gesehen hatte. Sie sortierte die toten Vögel, und hinter ihr war die Felsenhöhle mit der blauen Blume. Der Ritter kümmerte sich nicht um die alte Hexe. Sein Blick blieb auf jene seltene Blume gerichtet. «Ich muss sie der Prinzessin bringen», dachte er. «Koste es, was es wolle.»

Die Einäugige schien Gedanken erraten zu können, denn sie sagte mit ihrer kreischenden Stimme: «Es kostet nicht viel – nur dein Leben, und dann hast du die Blume doch nicht!» Dabei lachte die Alte, und mit Entsetzen sah der Ritter, wie ein paar Vögel tot von den Bäumen fielen. Die Einäugige stand auf und sammelte sie, um sie auf den grossen Haufen zu werfen. «Sie können mein Lachen nicht vertragen», erklärte sie dem Ritter. «Immer setzt ihr Herz dabei aus vor Schrecken. Ich finde es komisch.» Wider lachte die Alte und wieder fielen ein paar tote Vögelchen zu Boden. Auch diese hob die Alte auf.

«Was macht sie bloss mit den vielen toten Tieren?» dachte der Ritter.

«Sie geben mir ein Federbett, die weichen kleinen Federn!» kreischte die Alte. Da sie sich nun aber nicht weiter in ihrer Beschäftigung stören liess, fand der Ritter, es sei wohl das Beste, sich überhaupt nicht um sie zu kümmern. Ohne sie noch zu beachten, trat er einfach auf die Höhle zu. Seine treue Bella führte er dabei am Zügel. Da aber die Einäugige drei Schritte vor dem Höhleneingang sass, musste er von der Seite herankommen. Schon stand er hinter ihrem Rücken und glaubte, nach der Blume fassen zu können, da lachte die alte Hexe so laut und fürchterlich, dass nicht nur alle Vögel in weitem Umkreis von den Bäumen fielen – nein, auch der Waldboden erzitterte. Der Ritter glaubte, es sei ein grosses Erdbeben. Noch immer seine Bella am Zügel festhaltend, schloss er für einen Augenblick die Augen.

Als er sie wieder öffnete, konnte er sich vor Staunen kaum fassen. Vor ihm stand nicht mehr die Felsenhöhe mit der blauen Blume. Da war ein prächtig verziertes, eisernes Tor, hinter dem ein grosser, schön geschmückter Garten lag. Überrascht und ungläubig sah sich der Ritter nach allen Seiten um. Wo war die Felsenhöhle? Und wo die Einäugige? Fast glaubte er, noch von irgendwo her ihr böses Lachen zu vernehmen. «Das ist Zauberei!» sagte er und wandte sich dann an sein Pferd. «Was meinst du, Bella, wollen wir einmal hier hineingehen? Vielleicht finden wir die blaue Blume wieder. Es wird sicher nicht gleich das Leben kosten, wie die alte Hexe gesagt hat.»

Bella nickte sehr bedächtig mit dem schönen Kopf und machte dann ein paar Schritte gegen das eiserne Tor hin. Ganz nahe davor stehend, stiess sie mit dem vorderen rechten Bein leicht dagegen. Das Tor öffnete sich. Langsam schritten sie nebeneinander in den schönen Garten. Der Ritter zuckte leicht zusammen, als er das Geräusch des sich schliessenden Tores hinter ihnen vernahm. «Gefangen!» fuhr es ihm in diesem Augenblick durch den Kopf. Doch als er sah, wie ruhig sein Pferd weiterging, verliess auch ihn der

Gedanke an Furcht. Er wusste doch, wie zuverlässig seine Bella war und wie sie vor jeder drohenden Gefahr unruhig wurde. So zerstreute er sich damit, die Blumen und Pflanzen rechts und links des kleinen Weges zu betrachten. Es war ein sehr gepflegter Garten. Er stand an Schönheit demjenigen nicht nach, den die Prinzessin besass, die sich eine seltene Blume gewünscht hatte.

Doch was leuchtete dort drüben, hinter dem kleinen Teich, so seltsam blau? War das nicht die Blume aus der Felsenhöhle? Der Ritter schritt nun schnell aus, bis er an jenem Platze stand. Er brauchte nur die Hand auszustrecken und die Blume zu nehmen. Aber war das nicht Diebstahl? Der Garten gehörte doch jemandem. Durfte er es wagen? Wieder einmal wollte er sich an sein treues Pferd wenden. Er drehte sich um. Aber da stand nicht Bella, sondern eine schöne junge Frau mit tiefschwarzem Haar und einer zarten Figur. Ihre ebenfalls schwarzen Augen hatten einen merkwürdigen, zauberhaften Glanz. Der Ritter starrte sie zuerst ganz erschrocken an. Doch dann erinnerte er sich wieder seines Pferdes und sagte: «Wo ist meine Bella?»

«Ich habe sie in den Stall gebracht», gab die schöne Frau zur Antwort. «Sie ist sicher müde und hungrig. Auch findet sie dort Gesellschaft.» Und als der Ritter sie noch immer misstrauisch, fast unfreundlich, ansah, fügte sie bei: «Mein schwarzer Rappe wird ihr bestimmt nichts antun. Er dürfte sich freuen über die nette Gesellschaft.»

Das beruhigte den Ritter. Von neuem betrachtete er die blaue Blume. Die junge Frau lächelte. «Sie scheint Euch besonders gut zu gefallen?»

«So gut, dass ich sie Euch sogar stehlen wollte!» Die Frau nickte. «Ich weiss. Kommt jetzt mit mir in mein Haus. Ihr werdet ebenso hungrig und müde sein wie Euer schönes Pferd. Tut mir den Gefallen, für ein paar Tage mein Gast zu sein. Es ist so einsam hier. Ich langweile mich oft erbärmlich.

Vielleicht schenke ich Euch dann die blaue Blume, die Ihr so sehr begehrt.»
Diese letzten Worte nahmen dem Ritter jeden Argwohn. Freudenstrahlend folgte er der jungen Frau in das nahegelegene Haus, das schon eher einem kleinen Palast glich. Da waren alle Treppen aus schwarzem Marmor, davon sich das weisse Kleid der seltsam schönen Frau wundervoll abhob. Hinter goldenen Türen gab es prunkvoll eingerichtete Räume, wie sie der Ritter noch in keines Königs Schloss angetroffen hatte. In einem dieser Zimmer stand ein bequemes, mit grüner Seide überzogenes Bett, das auf goldenen Füssen stand und über dem sich ein dunkelblauer Himmel mit leuchtenden Sternen wölbte. Er sah aus wie der wirkliche Himmel.
Hierher führte die schöne Frau den jungen Ritter, damit er sich ausruhe. Allein zurückgelassen, sah er sich neugierig um. Ihm schien alles so unheimlich – wie in einem Traum, aus dem man nicht klug wird. Aber er war viel zu müde, um sich den Kopf zu zerbrechen über all diese Dinge. Gähnend streckte er sich auf dem Bett aus und sah zur Decke hinauf. Dabei war ihm, als liege er draussen im Wald. Es war derselbe dunkle, funkelnde Sternenhimmel, den er in der Nacht vorher, als er neben Bella Wache gehalten, betrachtet hatte. «Also doch Zauberei!» sagte er leise zu sich selbst. Weiter konnte er aber nicht mehr denken. Er fiel in einen tiefen, traumlosen Schlaf.
Bella lag zu dieser Zeit im Stall neben dem schwarzen Rappen. Auch sie war schrecklich müde, konnte aber trotzdem nicht schlafen. Der Rappe sah sie ein wenig kritisch an. Doch dann war er zufrieden. Bella gefiel ihm. Er wieherte ein paarmal. Aufgeregt wandte Bella den Kopf zu ihm hin. Der schwarze Rappe hatte nämlich zu ihr gesprochen. Und sie verstand seine Sprache. «Warum schläfst du nicht?» hatte er gefragt.
«Ich kann nicht!» wieherte Bella. Der schwarze Rappe

nickte. «Ich verstehe. Du hast Angst um deinen Herrn. Ist recht so. Ein gutes Pferd muss zu seinem Herrn und Meister halten. Ist er gut zu dir?»
«Er ist mein bester Freund». – «Beneidenswert!» wieherte der schwarze Rappe. Und dann lachte er plötzlich so sehr, dass Bella darüber erschrank und ein wenig von ihm wegrückte. Das brachte den Rappen wieder zur Besinnung. Er hielt ein und sagte ganz ruhig: «Brauchst dich nicht vor mir zu fürchten, auch wenn meine Herrin eine Hexe ist und ich einige ihrer Zauberkünste gelernt habe. Ich tue weder dir noch deinem Freund etwas an. Im Gegenteil – ich will euch beiden helfen. Ich tue es, weil es mir Spass macht und weil du mir gefällst. Auch ist meine Herrin nicht immer gut zu mir. Wenn ich ihr nicht schnell genug galoppiere, drückt sie mir die Sporen in den Leib, dass ich aufschreien muss vor Schmerz. Oft lässt sie mich aus Bosheit drei Tage lang hungern, nur weil sie schlechter Laune ist.»
«Entsetzlich!» rief Bella und sah den schwarzen Rappen mitleidig an. «Kannst du ihr denn nicht davonlaufen? Ich hätte es schon längst getan.»
«Sie ist stärker als ich und in den Künsten der Zauberei kennt sie sich aus wie keine. Ich weiss nur ganz wenig davon. So kann ich es nicht wagen, ganz allein den Kampf gegen sie aufzunehmen. Wenn ich jemand hätte, der mir hilft, ja, dann ginge es vielleicht.»
«Ich werde dir helfen!» rief Bella. «Ich helfe dir bestimmt. Und mein Herr wird es auch gerne tun.» Jetzt rückte sie ganz nahe zum schwarzen Rappen hin, so dass er die Wärme ihres Körpers an dem seinen fühlen konnte. Das gab ihm so recht den nötigen Mut und die Gewissheit, einen treuen Freund in der Not zu haben. «Pass gut auf», ermahnte er Bella, «ich werde dir jetzt ein paar Zauberkünste beibringen und dich lehren, wie du mit Menschen sprechen musst, damit sie dich verstehen.»
Wenn Bella noch näher zu ihrem neuen Freund hätte heran-

rücken können, so würde sie es bestimmt getan haben. Aber es ging beim besten Willen nicht mehr. So spitzte sie recht gut ihre Ohren und hörte aufmerksam zu.

Als der Ritter aus seinem schweren Schlaf erwachte, sah er zuerst wieder zur Decke hinauf. Und wieder sah er jenen dunklen Sternenhimmel und wusste nicht, ob es nun Tag oder Nacht sei.

«Hier ist es immer Nacht», sagte eine leise, fast unheimliche Stimme. «Die Nacht verbirgt alles, was hässlich ist. Sie verlangt auch nichts von uns. Sie ist die Zeit, die stille steht und doch vorwärtskommt.»

«Ich habe dich nicht danach gefragt», meinte der Ritter, böse darüber, dass jemand im Zimmer war ohne seinen Willen, und dass dieser jemand sogar seine Gedanken erraten konnte. «Wer bist du eigentlich? Komm aus deinem Versteck heraus, wenn du dich nicht scheust, mir dein Gesicht zu zeigen.»

«Gern! Von Herzen gern!» klang es freundlich zurück. Und nach einem Augenblick: «So, da bin ich. Wie gefalle ich dir?»

Lachend besah sich der Ritter in dem nun plötzlich von prächtigen Leuchtern erhellten Zimmer den kleinen, schwarzen Pudel, der sich vor sein Bett hingestellt hatte. «Du gefällst mir sogar sehr gut», rief er übermütig. «Du bist überhaupt der schönste Pudel, den ich je gesehen habe. Und dass du reden kannst wie ein Mensch, das finde ich herrlich. Du musst ein sehr gescheiter Pudel sein.»

Der Hund fühlte sich ausserordentlich geschmeichelt durch diese Worte. Er wollte aber den Bescheidenen spielen und so sagte er bloss: «Nicht der Rede wert. In diesem Haus sprechen alle Tiere. Es ist eben kein gewöhnliches Haus.»

Wieder lachte der Ritter. «Ja, das habe ich nun bemerkt. Ich bin schon sehr neugierig, was noch alles kommt.»

«Jetzt wirst du zu Abend essen», meinte der Pudel, und wieder musste der Ritter lachen. «Ich glaube eher, mein geschei-

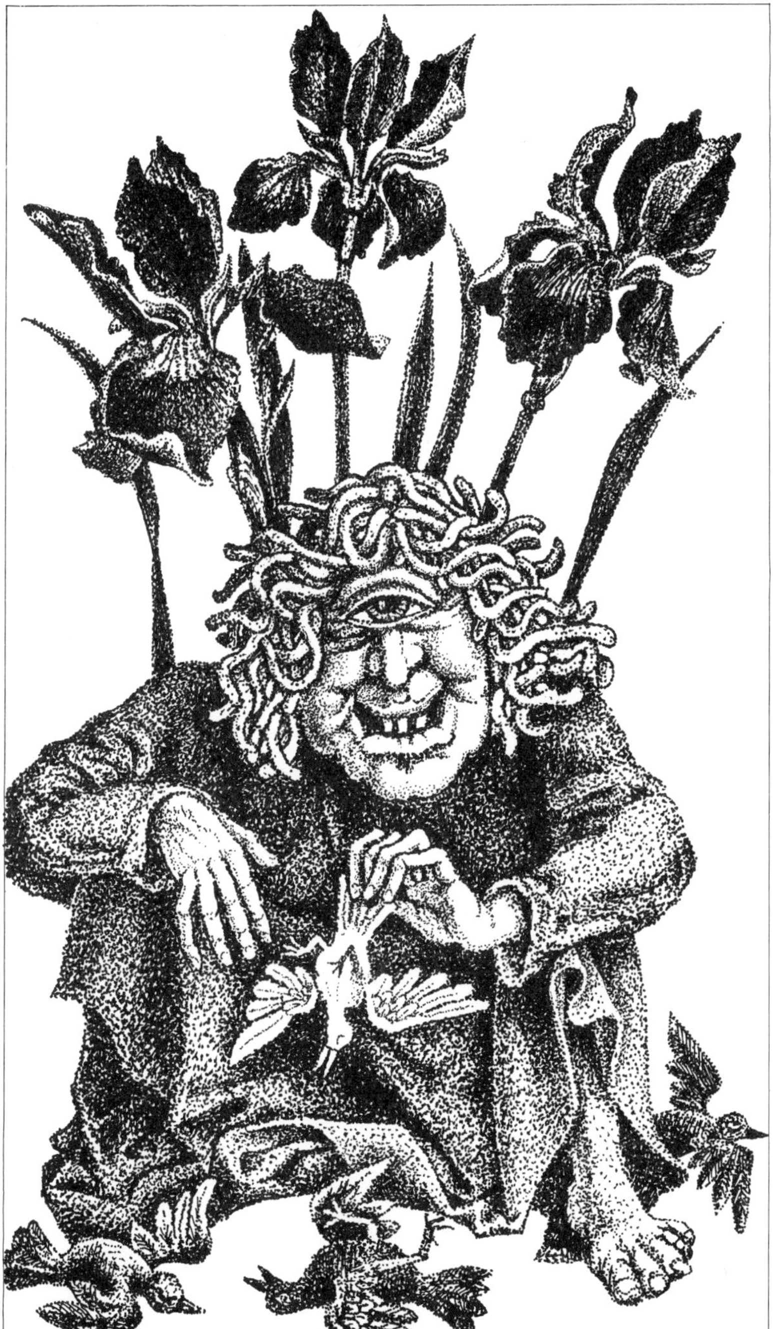

ter Pudel, dass ich zuerst frühstücken werde. Es ist ja noch früh am Morgen.»
«Es ist Abend», widersprach der Pudel. «Du wirst dich mit meiner Herrin zum Nachtmahl hinsetzen. Wünsche dir guten Appetit – aber trink nicht aus dem goldenen Becher! Du würdest es bitter bereuen.»
Nach den letzten Worten, die der Pudel nur ganz leise geflüstert hatte, verschwand er so plötzlich, wie er gekommen war. Vielleicht hatte er mit seinen guten Ohren die Schritte der Herrin gehört, die nun das Zimmer betrat. «Steht auf!» sagte sie zum Ritter. «Und folgt mir ins Speisezimmer. Ihr könnt mir beim Nachtmahl Gesellschaft leisten. Es ist langweilig, immer allein bei Tische zu sitzen.» Ihre Stimme klang nicht bittend, eher befehlend.
Gedankenlos folgte ihr der junge Ritter. Erst als er ihr am reichgedeckten Tisch gegenübersass, fielen ihm wieder die Worte des schwarzen Pudels ein: «Trink nicht aus dem goldenen Becher!»
«Ich werde es nicht tun», nahm er sich vor. Dann sah er die Frau an; prüfend, nachdenklich. War sie ein guter Geist oder ein böser? Konnte ein böser Geist so schön sein? Das schien ihm unmöglich. Aber – musste ein guter Geist das Licht des Tages meiden und in ewiger Nacht leben?
«Wollt Ihr nicht trinken? Der Wein ist gut, er wird Euch gewiss schmecken.»
Erschrocken fuhr der Ritter aus seinen Gedanken auf. Da sah er, wie sie ihm den goldenen Becher hinstellte, den sie selbst mit Wein gefüllt hatte. Es war roter Wein – so rot wie Blut. Der Ritter wusste nicht, wie es kam, dass er plötzlich an die vielen toten Vögel im Wald denken musste. Er sah sie von den Bäumen herunterfallen und zu Haufen am Boden liegen.
«Warum trinkt Ihr nicht?» Die Frau sagte es unwillig, und in ihren Augen lag Bosheit. Aber statt den goldenen Becher zu fassen und ihn zu leeren, starrte der Ritter nun die Frau an.

Was war das für ein kleiner weisser Fleck mitten auf ihrer Stirn? «Müsste dort nicht ein Auge sein?» ging es ihm durch den Kopf. Und da, mit einem Mal, wurde ihm alles klar. Die Einäugige im Walde und die schöne Frau, die ihm da gegenübersass, mussten ein und dieselbe Person sein. Dort auf ihrer Stirn, wo der weisse Fleck zu sehen war, hatte die Alte ihr Auge gehabt.
«Trink!» forderte ihn die Frau nochmals auf. Der Ritter schüttelte den Kopf. «Ich mag keinen Wein», erklärte er. «Dieses Zeug verwirrt die Gedanken und macht schläfrig. Ich aber muss wach bleiben.»
Da wurde die schöne Frau ganz blass. Ihre Hände zitterten vor Aufregung. «Du musst trinken!» sagte sie noch einmal. «Ich befehle es! Denk an die blaue Blume! Wenn du den Wein trinkst, ist sie dein.»
Zögernd fasste der Ritter nun nach dem goldenen Becher. Um die blaue Blume zu bekommen, wollte er alles wagen. Schon führte er ihn zum Mund. Doch noch bevor er den ersten Schluck zu nehmen wagte, sah er wieder die Frau an. Sie lächelte. Es war kein gütiges, es war ein boshaftes Lächeln. Fast glaubte er, das kreischende Lachen der Einäugigen im Walde zu vernehmen. Doch das war wohl nur eine Täuschung seiner Phantasie. Er trank nicht. Mit der gleichen, zögernden Bewegung, mit der er den Becher zum Mund geführt hatte, stellte er ihn wieder auf den Tisch zurück. Lange sahen sie einander an: der Ritter und die schöne Frau. Es war ein gegenseitiges Prüfen, ein Abschätzen der Kräfte vor dem Kampf.
Sie wussten nicht, dass Bella und der schwarze Rappe bereits etwas für diesen Kampf getan hatten. Der schwarze Rappe stand an seinem üblichen Platz im Stall; aber Bella fehlte. Wie gehetzt galoppierte sie durch den Wald, immer hinter einem grossen Vogel mit silbernen Flügeln her. Der Schweiss tropfte in kleinen Bächlein an ihr herunter. Ihr Maul war trocken und ihr Atem kurz. Aber sie achtete auf all das gar

nicht. Sie wusste, sie lief um das Leben ihres Herrn, ihres besten Freundes. «Ist es noch weit?» rief sie dem vorausfliegenden Vogel zu.
«Nein, nur eine kurze Strecke noch, dann ist der Wald zu Ende.» Bella blieb einen Augenblick stehen, um zu Atem zu kommen. Ihr Herz pochte, als ob es zerspringen wollte. Wie gern hätte sie sich ein wenig ausgeruht. Aber sie wusste, es durfte nicht sein. Der Ritter war in Gefahr. Sie musste ihm helfen, die böse Hexe zu besiegen. Das war sie auch ihrem neuen Freund, dem schwarzen Rappen, schuldig. So stob sie schnaubend und keuchend hinter dem Vogel her. Schon glaubte sie, vor Erschöpfung umzufallen, als sie ein Licht aufblitzen sah. Erstaunt bemerkte sie, dass sie am Waldrand angekommen waren. Vor ihnen lag eine weite Ebene, nur mit ein paar kleinen Tannen bestreut.
«Hier ist die bekannte Wiese», sagte der Vogel mit den silbernen Flügeln. «Und dort ist das Heim der Elfenkönigin und aller guten Waldgeister. Ich will mich jetzt auf deinen Rücken setzen und für dich reden. Sie kennen dich nicht – vielleicht würden sie dir nicht trauen.»
Der Silbervogel setzte sich Bella auf den Rücken und so kamen sie zu dem winzigen, schmucken Häuschen, das mitten in der Wiese stand und aus dem ein freundliches Licht in die dunkle Nacht hinausdrang. Sie brauchten nicht einmal anzuklopfen. Die Tür öffnete sich von selbst und heraus trat das zierlichste und schönste Wesen, das Bella je zu Gesicht bekommen hatte: die Elfenkönigin. Sie war schöner als die schönste Prinzessin und von so zarter Gestalt, dass man glaubte, durch sie hindurchsehen zu können. Zuerst sah sie Bella an und freute sich an dem schönen Pferd. «Wie mag es nur hergekommen sein?» sagte sie. «Wem gehört es wohl?»
«Es gehört einem tapferen Ritter. Einem guten Mann, der – wenn Ihr uns beistehen wollt – die einäugige Hexe besiegen und den Wald Euch und allen guten Geistern zurückgeben wird.»

«Ach, du bist es!» Die Elfenkönigin sah erst jetzt den Silbervogel. «Lange hast du dich nicht mehr hier blicken lassen. Ich habe dich vermisst. Wie geht es im Wald?» «Meine armen Brüder sterben zu Tausenden», sagte der Silbervogel. «Die Einäugige lacht zuviel in der letzten Zeit. Bald wird der ganze Wald ausgestorben sein.» «Ja», meinte die Elfenkönigin traurig, «ein Wald, in dem keine guten Geister hausen, der ist zum Sterben verurteilt.» «So hilf uns!» bat der Silbervogel. Es klang wie ein Notschrei und griff der Elfenkönigin ans Herz. «Was soll ich tun?» fragte sie. «Was kann ich überhaupt tun? Du weisst doch, dass alle guten Geister den Wald verlassen haben, seit die Einäugige darin haust. Das Böse ist mächtig dort drüben.» «Das Gute trägt zuletzt immer den Sieg davon», mahnte der Silbervogel. Darauf konnte die Elfenkönigin nichts antworten. Sie streichelte zärtlich Bellas Kopf. «Dein Ritter ist in Gefahr. Ich werde ihm helfen. Du bist nicht umsonst zu mir gekommen, du treuer Freund.» Bellas Augen strahlten vor Freude. Fast hätte sie geweint; aber sie schämte sich vor dem Silbervogel.

Die Elfenkönigin rief ihre guten Geister zusammen. Es kamen die Elfen, Feen und Zwerge aus allen Richtungen herbeigeeilt. «Wir kehren in den Wald zurück!» rief ihnen ihre Königin zu.

«In den Wald?» Ihre Gesichter wurden ängstlich. «Aber dort herrscht doch die Einäugige! Sie wird uns Böses antun.»

«So müssen wir gegen das Böse kämpfen», sagte die Elfenkönigin. «Ein Mensch hat den Kampf begonnen – ein mutiger Ritter. Die Waffe, mit der er in den Kampf gezogen ist, heisst ‹Liebe›. Müssen wir ihm da nicht beistehen?»

«Ja, gewiss!» – «Wir kommen!» tönte es da von allen Seiten. Bella machte einen Sprung vor Freude. Sie wusste, nun konnte ihrem Ritter nichts geschehen. Zitternd vor Aufregung und der Ungeduld, fortzukommen, legte sie sich nieder, damit die Elfenkönigin sich auf ihren Rücken setzen konnte.

Mit ihren zarten Händen fasste sie das Pferd um den Hals. Bella empfand es wie eine Liebkosung. Und es ging eine Kraft von diesen Händen aus, dass Bella sich frisch und gestärkt fühlte wie noch nie in ihrem Leben. So ritten sie zusammen in den Wald hinein. Der Vogel mit den silbernen Flügeln flog ihnen voraus, und die Elfen, Feen und Zwerge kamen wie im Triumph hinterher. Schon nach den ersten Schritten in den Wald fühlten sie das Unheimliche, den bösen Zauber. Der ganze Wald schien sich um sie zu drehen. Bella hatte das Gefühl, sie trabe immer auf dem gleichen Fleck und komme nicht vorwärts. Selbst der Silbervogel glaubte, den Weg nach dem Schloss der Einäugigen nicht zu finden. Da aber zeigte es sich, dass sie noch Freunde im Wald hatten. Die kleinen und grossen Vögel lockten sie durch ihren Gesang und ihre Rufe vorwärts auf den richtigen Weg. Sie brauchten nur diesen Vogelstimmen zu folgen.
Bella galoppierte wieder um das Leben ihres Herrn. Sie konnte nicht schnell genug sein. Die Elfenkönigin hielt sich an ihr fest und flüsterte ihr zärtliche und aufmunternde Worte zu. Sie fühlte sich mächtig wie nie zuvor. Der Wald mit all seinen Geheimnissen und Schönheiten hatte sie wieder gefangengenommen. Alle Furcht war von ihr gewichen.
«Brav, Bella, brav!» ermunterte sie das Pferd. «Wir besiegen die Hexe! Wir befreien den Wald! Wir retten deinen Herrn!»
Bella stiess plötzlich einen Schrei aus und bäumte sich auf. Wenn sich die Elfenkönigin nicht mit beiden Händen festgehalten hätte, so wäre sie heruntergefallen. «Was hast du, mein treues Pferd?» rief sie erschrocken aus.
«Ich kann nicht weiter», wieherte Bella. «Eine Mauer ist vor mir. Ich habe den Kopf angeschlagen. O, wie das weh tut. Ich kann nicht weiter.»
«Eine Mauer?» staunte die Elfenkönigin. «Soviel ich weiss, gibt es im ganzen Wald keine Mauer. Es müsste denn das Schloss der Einäugigen sein. Aber so weit sind wir noch

nicht. Ich fühle es, wenn sie in meine Nähe kommt. Was kann das sein? Vielleicht auch so ein Zauber der alten Hexe?»
«Wenn es ein Zauber ist», meinte Bella und wurde wieder ganz munter, «dann will ich versuchen, hindurchzukommen.» Sie drehte sich siebenmal um sich selbst, stampfte mit den Hufen in einem ganz bestimmten Takt auf die Erde und setzte sich wieder in Trab. Dabei sah sie nun gar nichts mehr von einer Mauer. Es ging wieder vorwärts, immer weiter in den Wald hinein.

Gerade in dem Augenblick, als Bella mit den Hufen auf den Boden schlug, sagte die schöne Frau im Speisezimmer noch einmal zum Ritter: «So trink doch!» und hielt ihm den goldenen Becher hin. Da vernahm sie ein leises Beben der Erde. Es war wie das Grollen des Donners bei einem Gewitter in der Ferne. Die Frau fuhr auf wie vom Blitz getroffen. «Mein Pferd!» schrie sie laut. «Mein Zauberpferd!» Sie rannte hinaus, wobei sie den goldenen Becher fallen liess und der dunkelrote Wein sich langsam über den Boden ergoss. Der Ritter wusste nicht, was das alles bedeuten sollte, und blieb stehen. Sein Blick folgte der roten Flüssigkeit. «Es ist Blut», sagte er und erschauerte beim Gedanken daran, dass er es beinahe getrunken hätte.

«Nimm dein Schwert und gehe in den Stall!» rief da eine ihm schon bekannte Stimme. Es war der Pudel, der unter der Tür stand, im Mund das grosse Schwert tragend. Der Ritter besann sich nicht lange, ergriff die Waffe und lief damit zum Stall. Da sah er die Einäugige, mit einem kleinen, silbernen Dolch bewaffnet, den sie drohend über dem Kopf des schwarzen Rappen schwang. «Du hast mich verraten!» schrie sie. «Das sollst du mit deinem Leben büssen.» Schon wollte sie zustossen, als sie den Ruf des Ritters vernahm: «Wo ist meine Bella?»

Die Einäugige drehte sich um und keuchte: «Was geht mich dein Pferd an! Ich habe mit diesem da abzurechnen.» Und noch einmal hob sie ihren silbernen Dolch in die Höhe. Jetzt wollte sie zustossen. Ein Zittern überfiel den schwarzen Rappen. Da aber zog der Ritter sein Schwert und die Einäugige sank zu Boden. Er hatte sie mitten ins Herz getroffen. Das Zauberpferd sah zu und lachte. So laut lachte es, dass der Ritter wieder das Beben der Erde fühlte und dabei die Augen schloss. Als er sie gleich darauf wieder öffnete, glaubte er, aus einem bösen Traum zu erwachen. Da war kein Schloss mehr, kein Pferdestall und kein Garten. Er stand zum zweitenmal vor der Felsenhöhle, aus der ihm jene seltsame Blume entgegenleuchtete. Nur die Einäugige sass diesmal nicht davor, und es gab auch keine toten Vögel mehr. Aber jemand anders war noch da: der schwarze Rappe und der gescheite Pudel.

«Wo ist meine Bella?» fragte der Ritter das Zauberpferd.

«Hörst du sie nicht?» gab der schwarze Rappe zur Antwort. «Sie fliegt wie der Wind, und bald wird sie da sein. Sie lief um dein Leben.»

Richtig. Jetzt hörte man aus der Ferne das Klappern von Hufen. Es kam immer näher. In den Augen des Ritters begann es zu leuchten. Ja, das war seine Bella – seine kluge, mutige, treue Bella. Jetzt sah er sie auf sich zukommen. Auf ihrem Rücken sass noch immer die Elfenkönigin, und vor ihr her schwebte der Silbervogel. Gerührt stürzte der Ritter zu ihr hin, umarmte sie und streichelte ihr zärtlich den Kopf.

«Meine gute, liebe Bella!» rief er. Das Pferd wollte etwas sagen, mit seinem Herrn sprechen, wie es das vom schwarzen Rappen gelernt hatte. Aber es war vor Freude über das Wiedersehen und den guten Ausgang des Abenteuers so gerührt, dass es schweigen musste. Der schwarze Rappe fand so viel Gefühl bei einem Pferd schrecklich komisch. Er fing an zu kichern; erst ganz leise und dann immer lauter, bis es ein richtiges Gelächter wurde. Das steckte nun wieder Bella an. Sie musste ebenfalls lachen. Und der Ritter, der so etwas nie bei einem Pferd gehört hatte, lachte tüchtig mit.

Inzwischen war die Elfenkönigin vom Pferd heruntergestiegen und zur Felsenhöhle gegangen. Von dort nahm sie die blaue Blume, die sie nun dem Ritter übergab. «Bringe sie deiner Prinzessin und sage ihr, die Blume soll den Namen ‹Schwertlilie› tragen, zur Erinnerung an dein Schwert, mit dem du die Hexe besiegtest. Auch den schwarzen Rappen sollst du ihr bringen und den Pudel. Sie wird sich darüber freuen. Als Hochzeitsgeschenk für sie nimm sodann noch diesen Ring. Damit kann sie sich alle Geister dieses Waldes dienstbar machen, wenn sie ihrer bedarf. Und nun gute Reise. Alles Glück sei mit dir!»

Dankbar sich verneigend, nahm der Ritter den goldenen Ring mit dem blauen Diamanten entgegen, schwang sich auf sein treues Pferd und trabte davon. Ein paarmal noch wandte er sich zurück und winkte der Elfenkönigin einen Abschiedsgruss zu. Neben Bella trabte recht munter der schwarze Rappe. Auf seinem Rücken trug er den Pudel, dem es dort recht wohl gefiel. Unterwegs fiel dem Ritter plötzlich etwas ein. «Was wäre geschehen, wenn ich den Wein aus dem goldenen Becher getrunken hätte?» fragte er den Pudel.

«Nicht viel», sagte dieser. «Du wärst einfach ebenfalls so ein schwarzer Pudel geworden.» Da lachten sie wieder alle: Bella, der schwarze Rappe und der junge Ritter.

Nach einigem Nachdenken aber fragte der Ritter wieder: «Warst du denn einmal etwas anderes als ein Pudel? Bis du am Ende verzaubert?»

«O ja, ich war einmal ein Ritter. Das ist aber schon sehr lange her. Kann mich kaum noch daran erinnern. Jetzt bin ich ein Pudel und will es auch bleiben.»

So zogen sie in die Stadt ein, in der das Schloss der schönen Prinzessin stand. Die Leute auf den Strassen bewunderten alle die blaue Blume; aber auch das Zauberpferd und den sprechenden Pudel. Sie jubelten dem Ritter zu, und einige begleiteten ihn bis zum Königsschloss. Dort stand schon die Prinzessin auf der Treppe, denn man hatte ihr die Ankunft

des Ritters sofort gemeldet. Errötend, aber vor Freude und Stolz strahlend, gab sie ihm ihre Hand und führte ihn ins Schloss. In Anwesenheit des Königs und der Hofleute übergab er ihr zuerst die blaue Blume und dann die anderen Geschenke: den schwarzen Rappen, den lustigen Pudel und den Ring der Elfenkönigin. Es waren seine Brautgeschenke. Die Prinzessin wusste gar nicht, über was sie sich am meisten freuen sollte. Der Pudel wusste sich ganz gut bei ihr einzuschmeicheln, so dass sie ihn fast immer um sich haben wollte. Er sprach aber nur noch selten und zuletzt vergass er es ganz und wurde damit ein ganz gewöhnlicher Pudel wie jeder andere. Das gute Leben am Hof machte ihn schrecklich bequem, um nicht zu sagen zum Faulenzer.
Aber auch Bella und der schwarze Rappe wurden schweigsam unter so viel Menschen. Sie dachten immer seltener an ihre Abenteuer und an die Zauberkünste, die sie einst verstanden hatten. Nur manchmal, wenn ihnen etwas besonders Lustiges begegnete, da lachten sie, dass alles mitlachen musste: die anderen Pferde im Stall und die Menschen um sie herum. Seit jener Zeit haben sich die Pferde das Lachen angewöhnt, und es kommt noch heute vor, dass hie und da eines lachen muss. Dann lachen alle anderen mit. Nur das Reden, das haben sie wieder verlernt.
Den Ring mit dem blauen Diamanten trug die Prinzessin alle Tage. Sie hütete ihn wie einen Talisman. Von seiner Zauberkraft machte sie jedoch nie Gebrauch. Sie war in ihrem ganzen Leben glücklich. Was hätte sie sich denn noch wünschen sollen!
Und die blaue Blume, welche «Schwertlilie» genannt wurde? Die sieht man heute in vielen Gärten. Sie wird oft bewundert. Ihre Geschichte jedoch hat man ganz vergessen. Niemand erinnert sich noch an die Abenteuer des mutigen Ritters, der sie einst aus dem verzauberten Wald geholt hat, und an seine schöne, treue Bella.

Die Rose hat ihre Erzählung beendet. Karin, die aufmerksam zugehört hat, meint: «Ja, es war wirklich eine lange Geschichte, aber auch eine ganz schöne.» Sie nickt der Rose freundlich zu. «Dankeschön. Das hat mir sehr gut gefallen. Weiss noch jemand eine Geschichte von einer Blume?» Die Rose sieht sich im Garten um. Im Augenblick fällt ihr nichts ein. Da meint die Schwertlilie: «Wir könnten dem Mädchen von den farbigen Kleidern der Tulpen erzählen. Das wäre doch ganz lustig.»
«Ja, etwas Lustiges», ruft die Trollblume.
Da meldet sich eine Margerite. «Ich kenne sie noch ganz gut, die Geschichte

Von den farbigen Kleidern der Tulpen

Es war ein ganz besonderer Tag für die Blumen. Sie konnten plötzlich nicht mehr so ruhig und still sein wie gewöhnlich. Einige sahen aus, als ob sie ganz tief über etwas nachdenken wollten. Andere wieder sprachen miteinander und nickten sich gelegentlich zu. Sogar der Löwenzahn hüpfte fröhlich an seinem Platz auf und ab und rief immer wieder: «Ich weiss etwas! Ich weiss etwas!»
«So, was weisst du denn?» wollte ein kleiner Zwerg wissen, der in der ersten Morgenstunde ganz leise und schnell am Graben neben dem Bach vorbeihuschte.
«Was ich der Frau Sonne zum Geburtstag bringe!» rief der Löwenzahn freudig. «Es ist etwas sehr Lustiges. Sie wird sicher begeistert sein.»
Der Zwerg nickte und strich über seinen langen Spitzbart.
«So, so, Frau Sonne hat Geburtstag. Ja, wann denn?»
«Heute in drei Wochen.» – «Ei, ei, das habe ich gar nicht gewusst. Der wievielte ist es wohl?»
«Der siebenmillionste. Ein ganz besonderes Ereignis», meinte der Löwenzahn.
«Aha, der siebenmillionste. Und woher weisst du das eigentlich so genau?»
Der Löwenzahn machte ein recht stolzes Gesicht und erklärte mit wichtiger Betonung: «Die Elfenkönigin hat es mir erzählt. Sie ist gestern in der Nacht zu allen Blumen gekommen, um es ihnen zu berichten. Es soll nämlich ein grosses Fest geben, und jede Blume wird entweder ein Geschenk mitbringen oder etwas zur Unterhaltung beitragen.»
«Das ist ja grossartig!» In seiner Begeisterung zupfte der Zwerg so fest an seinem langen Bart, dass er sich fast ein Stück davon ausgerissen hätte. Er stiess einen kleinen Schrei aus, und der Löwenzahn musste lachen über das verzerrte Gesicht, das er dabei machte. «Dummer Lausbub!» sagte der Zwerg. Aber er war gar nicht richtig böse, denn nun setzte er sich in die Wiese, dicht neben den Löwenzahn, und fragte:

«Wie ist das nun mit dem Geburtstagsfest der Sonne? Wer wird denn alles dabei sein?» Der Löwenzahn wusste es nicht genau. Er meinte, dass wahrscheinlich neben den Blumen nur noch die Elfen kommen würden. «Und was willst du mitbringen?» erkundigte sich der Zwerg. «Ein lustiges Liedchen», erklärte der Löwenzahn. «Es erzählt von einer Ameise. Eine Grille hat es mich gelehrt. Es fängt so an:
Kribbel-Krabbel hin und her
kribbeln-krabbeln ist nicht schwer
Auf der Wiese...»
«Ich weiss eines, das ist noch viel lustiger», unterbrach der Zwerg den Löwenzahn. «Es erzählt von einem alten Uhu und einem jungen Specht. Wenn du willst, werde ich es dich lehren.»
Der Löwenzahn war gleich begeistert, liess sich vom Zwerg das Liedchen vorsingen und summte auch bald die Melodie mit. Zuletzt sangen sie es beide miteinander. Es ging wunderbar. «Nun muss ich aber weiter», sagte der Zwerg und stand auf. «Pass auf, dass du die Worte bis zum Fest noch behalten kannst!» ermahnte er den Löwenzahn und ging schmunzelnd davon.
Eigentlich hatte er in seinen Wald zurückkehren wollen; aber er war zu neugierig und wollte noch mehr über das Geburtstagsfest der Sonne wissen. So schlich er sich in einen schönen Garten, wo es viele Blumen gab. Den Gartenzaun schmückten allerlei Sträucher, und zwei Tannen sahen wie Könige auf diese farbenfrohe Umgebung hinunter. Der Zwerg dachte: «Hier erfahre ich bestimmt noch etwas.» Er versteckte sich daher in einer Nische des Hauses und hörte aufmerksam zu, was um ihn herum gesprochen wurde.
«Nun haben wir einen Gesangsverein», sagte der Flieder. «Dirigieren wird ihn der Holunder. Und für das Ballett schlage ich die Tulpen vor. Die werden das sicher sehr gut

machen. Es sind ihrer so viele, dass die Wirkung auch von weitem sehr gut sein dürfte. Frau Sonne wird sich freuen.» «Aber wir sollten richtige Kostüme haben», riefen da die Tulpen. «Wir meinen, so schöne, farbige Tanzkleidchen.» «Wieso? Warum?» erwiderte die Tanne. «Eure Kleidchen sind doch noch ganz frisch und so blendend weiss. Das ist die schönste Farbe für ein solches Fest.» Die Tulpen waren gar nicht mit der grossen Tanne einverstanden. «Wir können doch nicht in unseren Alltagskleidern tanzen», meinten sie, und eine von ihnen sagte: «Weiss ist eine langweilige Farbe.» Eine dritte rief: «Die Lilien sind auch weiss, und der Schneeball und noch andere.» «Eigentlich haben sie recht», dachte der Zwerg. Er sah über die vielen weissen Tulpen hinweg. Auf seiner Stirn traten zwei tiefe Falten hervor. Das bedeutete, dass er ganz scharf nachdachte. Plötzlich begannen seine Augen zu leuchten. Er hatte einen prima Einfall. Darum trat er aus seinem Versteck hervor, sagte guten Abend und wandte sich dann zu den Tulpen.

«Ich glaube, ich kann euch helfen», sagte er. «Passt also gut auf. Am Abend vor dem Geburtstagsfest der Sonne, wenn es dunkel wird, komme ich wieder hierher, um euch zu holen. Wir gehen dann zusammen in den Wald zu einem meiner Brüder. Der hat viele Töpfe mit allen Farben, die es gibt: vom leuchtenden Rot bis zum zartesten Gelb. Er wird euch eure Kleidchen bunt bemalen, so wie ihr es haben wollt. Überlegt euch, welche Farbe die richtige ist. Das müsst ihr nämlich wissen, wenn ich in drei Wochen wiederkomme. Und nun, lebt wohl.»

«Auf Wiedersehen in drei Wochen!» riefen ihm die Tulpen nach, während er mit schnellen Schritten zum Gartentor ging. Die grosse Tanne winkte ihm noch, als er schon fast am Waldrand angelangt war. Er winkte zurück, machte dann einen Sprung und war zwischen den Bäumen im grossen Wald verschwunden. «Ein netter kleiner Kerl», sagte der

Flieder. «Und so hilfsbereit», ergänzte die Hyazinthe. Eine Tulpe jedoch meinte: «Ob er wirklich wiederkommt?» Der Zwerg aber hielt gewissenhaft das Versprechen, das er gegeben hatte. Am Abend vor dem grossen Fest kam er gleich, als es dunkel wurde, in den Garten. «So, meine Damen», rief er den Tulpen zu, «bitte folgen Sie mir. Aber schön der Reihe nach, immer zwei nebeneinander.» Die Tulpen stellten sich gehorsam in einer Zweierreihe auf. Es waren genau zweiundzwanzig. So marschierten sie mit strammen Schritten, wie junge Soldaten, hinter dem Zwerg zum Garten hinaus. Sie gingen über eine Wiese, kamen ein kleines Stückchen über die Landstrasse und gelangten schliesslich in einen grossen Wald. Er war sehr dunkel, denn es gab darin kein anderes Licht als den winzigen Feuerschein einiger herumfliegender Glühwürmchen. Die Strahlen des Mondes mussten bei den hohen Wipfeln der Bäume halt machen. Diese standen nämlich so dicht beisammen, dass nur ein ganz klein wenig von seinem Licht nach unten auf den Waldboden fallen konnte. Die Tulpen fürchteten sich ein wenig in dieser Dunkelheit. Dazu kam, dass es im Wald so still war. Sie fanden es unheimlich. Diese Stille waren sie als Gartenbewohner nicht gewohnt. So hielten sie sich gegenseitig an den Händen fest, um sich ja nicht zu verlieren, aber auch, um sich Mut zu machen.

«Singt ein Lied!» riet ihnen der Zwerg. «Dann denkt ihr nicht an Angst oder so etwas.» Sogleich stimmte eine ältere, rundliche Tulpendame, die eine sehr schöne Stimme hatte, ein fröhliches Wanderlied an. Die anderen sangen auch gleich mit. Das klang so feierlich und schön, dass die vielen Vögelchen, die davon aufgewacht waren, beinahe neidisch wurden. Der Kuckuck wollte sogar mitsingen. Er flog hinter den Tulpen her und rief nach jeder Strophe zweimal, sozusagen als Zwischenmusik: «Kuckuck! Kuckuck!» Das gefiel dem Zwerg ausserordentlich. Er marschierte nicht mehr, er hüpfte wie ein Vogel auf seinem Ast. Ein Eichhörnchen setzte sich auf seine Schulter und fuhr ihm manchmal mit seinem grossen, buschigen Schwanz vor der Nase herum. Er liess es lachend gewähren. Nur kitzelte ihn das in der Nase und er musste niessen.

Die Tulpen wurden immer lustiger. Sie stimmten ein zweites Lied an und ein drittes. Der ganze Wald wurde aus seinem Schlaf gerissen. Aber niemand ärgerte sich darüber. Alles sang mit oder machte Spässe. Eine Hasenfamilie winkte den Tulpen noch lange, nachdem sie schon nicht mehr zu sehen waren.

Als sie zu einer kleinen Lichtung kamen, bei der es in der Mitte fast keine Bäume gab und die Mondstrahlen alles in silbernes Licht tauchten, hörten sie ganz feine, zarte Glöckchen läuten. Es war wunderschön. Die Tulpen schwiegen und hörten andächtig zu. «Das sind die Maiglöckchen», sagte der Zwerg. «Sie sind etwas früher aufgewacht. Vielleicht haben das die Elfen getan, damit sie am Geburtstagsfest der Sonne auch mitmachen können.»

Die Tulpen winkten den Maiglöckchen einen Abschiedsgruss zu und gingen mit dem Zwerg weiter. Sie sangen wieder ihre fröhlichen Lieder.

Später trafen sie auf einen anderen Chor. Die Windröschen mit ihren zarten Kinderstimmchen übten ein Lied ein. Ihr Dirigent war ein grosser Pilz mit einem mächtigen Hut. Er stand vor den kleinen Blümchen wie ein Lehrer vor seinen Schülern. Sein Taktstock bestand aus einem Stückchen Tannenast. Als er den Zwerg und die Tulpen sah, liess er den Stock sinken. Sofort hörten die Windröschen zu singen auf. «Für das Geburtstagsfest der Sonne», erklärte er dem Zwerg. Dieser nickte. «Die Tulpen werden tanzen!» erzählte er. «Ich besorge ihnen farbige Tanzkleidchen. Es wird ein herrliches Fest. Singt nur weiter. Wir müssen uns beeilen.» Die Tulpen gingen mit dem Zwerg weiter in den Wald hinein. Noch längere Zeit hörten sie die zarten Kinderstimmchen aus der Ferne. Jetzt fürchteten sie sich nicht mehr. Mit dieser lieb-

lichen Begegnung hatte der grosse, finstere Wald für sie alle seine Schrecken verloren.
Als sie von den Windröschen gar nichts mehr hören konnten, stimmten sie selbst wieder ein Lied an. Und dann, nach langem Wandern, kamen sie zu einer grossen Lichtung. Da stand eine zierlich gebaute Holzhütte, aus deren Fenster ein gelber Lichtschimmer drang. «Wir sind am Ziel!» rief der Zwerg. Er öffnete die Tür und liess die zweiundzwanzig Tulpen eintreten. Erstaunt sahen sich diese um. Was gab es da nicht alles! Eine richtige Werkstatt war es. Beim Fenster stand ein grosser Tisch, beladen mit allerlei Sachen, von denen die Tulpen nicht einmal den Namen wussten. Vor dem Tisch stand ein hoher dreibeiniger Stuhl und auf dem sass ein Zwerg, der fast genau so aussah wie derjenige, welcher die Tulpen hergebracht hatte. Nur sein Bart war etwas kürzer. «Er muss ihn immer ein wenig stutzen, weil er ihn sonst bei der Arbeit stört», erklärte der erste Zwerg seinen Tulpen. Der andere nickte dazu. «Was wünschen denn alle diese Damen?» fragte er dann und liess sich von seinem Stuhl heruntergleiten.
Die älteste der Tulpen sagte: «Wir möchten farbige Kleidchen haben. Morgen ist das Geburtstagsfest der Sonne. Da sollen wir tanzen. In farbigen Kleidchen wäre unser Tanz viel schöner.»
Der Zwerg nickte wieder. Dann wies er mit seiner Hand auf die vielen Farbtöpfe, die an der einen Wand standen. «Welche Farbe wollt ihr haben?»
Da sahen sich die Tulpen an und machten dabei ganz erstaunte Gesichter. Das hatten sie ja vollkommen vergessen. Sie hätten sich doch zuvor über die Farbe einigen sollen. Was nun? Ein wenig unentschlossen guckten sie in die verschiedenen Töpfe. «Rot ist die schönste Farbe!» rief eine junge, sehr schlanke Blume.
«Gelb würde mir aber am besten gefallen», widersprach eine andere. Eine ältere, etwas dickliche Dame verzog dabei

das Gesicht. «Unmöglich! Ganz unmöglich!» flötete sie. «Gelb steht mir nicht, und rot noch viel weniger. Das passt nicht zu meiner Figur. Ich will eine Farbe, die mich so recht schlank und jung macht.»
«Ganz recht! Wählen wir etwas Dunkles, Unauffälliges!» pflichtete ihr eine andere, ebenfalls sehr rundliche Tulpe bei. Sie guckten in die anderen Töpfe und entdeckten ein schönes Violett. «Das passt uns am besten!» riefen sie begeistert. Vor dem Topf mit der schwarzen Farbe standen wieder zwei, die sagten: «Wir möchten nur schwarze Kleider. Das ist so elegant, so vornehm.»
Der Zwerg sah verzweifelt auf die vielen Farbtöpfe, dann auf die Tulpen und zupfte nervös an seinem Bart. «Wenn ihr euch nicht einigen könnte, ist euch nicht zu helfen!» rief er dabei. «Bedenkt doch, in wenigen Stunden beginnt das Fest. Dann müsst ihr in euren gewöhnlichen Kleidern tanzen.»
Die Tulpen überlegten sich die Sache hin und her, aber sie kamen zu keinem Entschluss. Es gab einfach keine Farbe, die wirklich allen gefallen hätte. Der Zwerg, der sie hergebracht hatte, musste wieder einmal mit seinem guten Rat helfen. «Gib jeder die Farbe, die sie sich wünscht», sagte er. «Warum müssen sie denn alle gleich sein? Ich kann mir vorstellen, dass der Tanz noch schöner wirkt, wenn zum Beispiel immer nur zwei oder drei das gleiche Kleid tragen. Das wird ein herrlich buntes Bild geben. Frau Sonne freut sich bestimmt über diese Farbenpracht.»
Das war einmal ein gescheites Wort. Nun gab es kein Überlegen und Raten mehr. Jede der Tulpen stellte sich zu dem Topf, dessen Farbe sie sich ausgesucht hatte. Der Zwerg nahm einen grossen Pinsel und bemalte alle ihre Kleider. Nun gab es rote, gelbe, violette, rosarote, braune, orangefarbene und sogar schwarze Tulpen. Zuletzt war noch ein junges Tulpenmädchen übrig. Das stand in der Mitte der Werkstatt und sah sich recht unsicher um. «Was willst du denn für ein Kleidchen», frage der Zwerg.

«Ich weiss nicht», antwortete die Kleine. «Am liebsten möchte ich mein weisses behalten.»
«Dann bleib halt so, wie du bist», lachte der Zwerg. Er freute sich nämlich, nicht mehr weitermalen zu müssen, denn er war schon sehr müde. In diesem Augenblick kam auch ein kleines Marienkäferchen hereingeflogen, setzte sich dem Zwerg auf die Hand und sagte: «Du musst mir schnell zwei schwarze Punkte auf den Rücken malen. Ich habe meine verloren.»
«Verloren?» wunderte sich der Zwerg. «Wie ist denn das zugegangen?»
«Ich war auf einer grünen Wiese. Ein Maler sass dort und malte die Blumen. Weil ich genau sehen wollte, wie er das macht, setzte ich mich auf das grosse Holz, das er in der Hand hielt. Da kam er mit seinem riesigen Besen und fuhr in der roten Farbe herum, dass es nur so nach allen Seiten spritzte. Ich muss etwas davon auf den Rücken bekommen haben. Als ich nach Hause kam, entdeckte die Mutter, dass mir zwei schwarze Punkte fehlen. Sie war sehr böse und versuchte, mich zu waschen. Es half aber nichts. Die Punkte sind einfach verloren.»
«Du neugieriges Dummerchen», lachte der Zwerg. Dann nahm er einen ganz besonders feinen Pinsel, tauchte ihn vorsichtig in die schwarze Farbe und setzte dem Marienkäferchen zwei neue runde Pünktchen auf den Rücken. «So, nun nimm dich aber zusammen und sei nicht wieder so neugierig.»
«Nein, nein!» sagte das Marienkäferchen und strahlte vor Freude. «Ich danke dir, lieber Zwerg.» Schon hob es die Flügel und flog geschwind und munter wieder zum Fenster hinaus.
Der Zwerg legte den Pinsel beiseite. «Schluss für heute mit der Arbeit», sagte er. «Der Morgen kommt. Wenn wir zur rechten Zeit beim Fest sein wollen, müssen wir jetzt gehen.» Die Tulpen stellten sich zum Abmarsch bereit. Mit Begeiste-

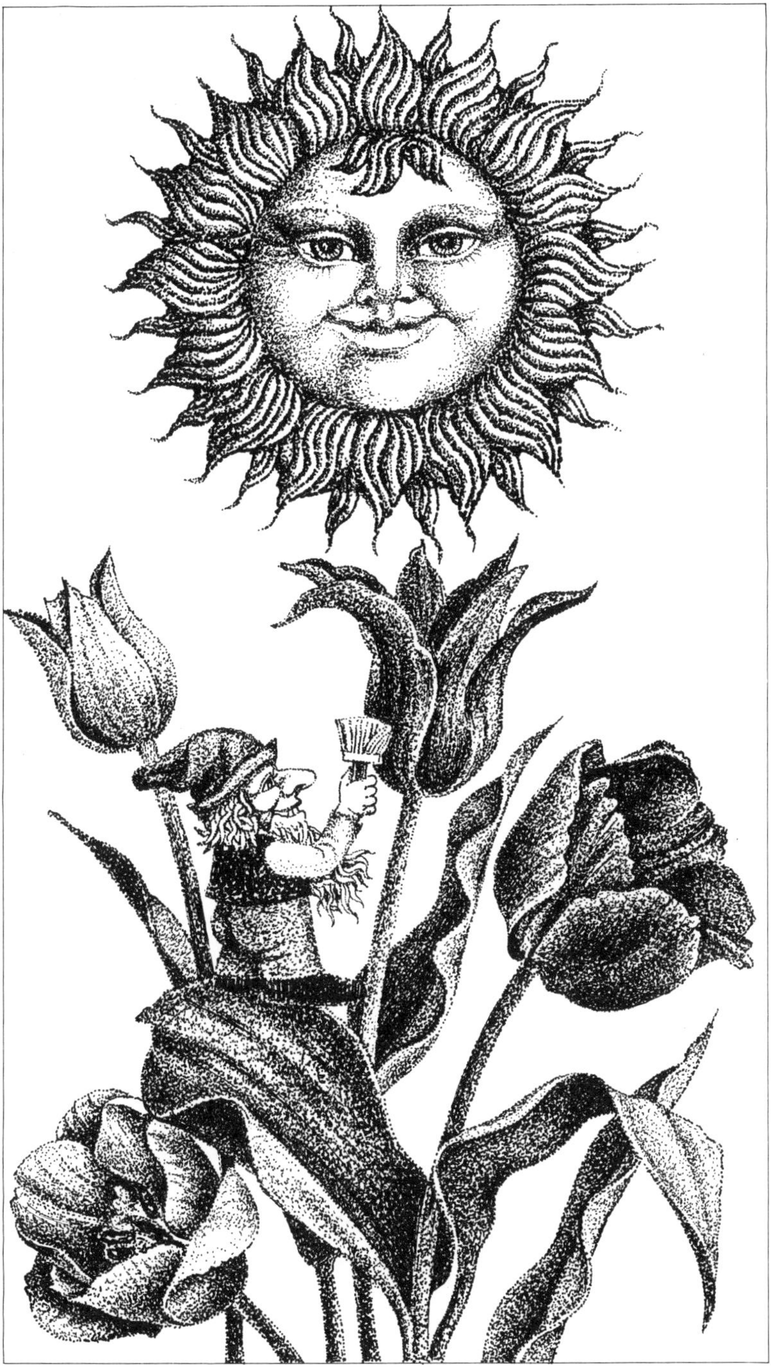

rung betrachteten sie ihre farbigen Kleidchen. Sie verliessen die Hütte und wanderten noch einmal durch den Wald, aber diesmal auf einem anderen Weg, der sie bald zu einer Landstrasse führte. Über diese wanderten sie ein Weilchen und kamen dann zu einem hohen Berg, den sie besteigen mussten. Dort oben sollten sie mit der Sonne zusammentreffen. Vor ihnen sprangen die Gänseblümchen einher. Noch weiter vorne sahen sie den Löwenzahn, die Veilchen und viele andere. Hinter ihnen hüpften die beiden Zwerge. Sie bildeten den Schluss des langen Zuges. Es war ein weiter, mühsamer Weg, und sie mussten ihn sehr schnell gehen, um die Ankunft der Sonne nicht zu verpassen. Endlich waren sie oben. Dort trafen sie auch die Hyazinthen, den Flieder, die Narzissen, die Schlüsselblümchen und noch viele, viele andere. Es war eine richtige grosse Versammlung und es herrschte eine aufgeregte, festliche Stimmung. Alle hatten sich Mühe gegeben, heute besonders schön auszusehen. Am meisten aber wurden die neuen Kleider der Tulpen bestaunt.

Und dann kam der grosse Augenblick. Frau Sonne schwebte von der anderen Seite den Berg hinauf. Alle Blumen jubelten ihr zu. Sie strahlte in ihrem goldenen Kleid, als sei es soeben frisch aufpoliert worden. Mit glücklichem Lächeln sah sie über die grosse Schar der Blumen hinweg. Ein kleines Waldveilchen trat schüchtern vor sie hin und sagte ein Sprüchlein auf. Als zweite Blume kam der Löwenzahn mit seinem lustigen Liedchen. Dann folgten die Chöre und der Tanz der Tulpen und anderer Blumen. Frau Sonne unterhielt sich glänzend und die beiden Zwerge nicht minder. Hier war soviel Schönheit auf einem Fleckchen Erde beisammen, dass man es kaum fassen konnte.

Die Tulpen machten ihre Sache besonders gut. Sie tanzten so zierlich und ihre bunten Kleider wurden so sehr bewundert, dass sie ihr Ballett sogar wiederholen mussten.

Einmal aber geht jedes Fest zu Ende. So auch dieses. Die

Sonne musste von ihren kleinen Freundinnen Abschied nehmen. Etwas müde, aber zufrieden und glücklich traten die Blumen den Rückweg an. Unterwegs zupfte eine der Tulpen an ihrem Kleidchen und sagte zu den anderen: «Ich weiss nicht, wie ihr darüber denkt; aber ich möchte mein farbiges Kleid behalten. Es steht mir so gut.»
«Das möchte ich auch!» sagte eine zweite. «Ich auch!» – «Ich auch!» – Alle hatten den gleichen Gedanken.
Der Zwerg mit dem kürzeren Bart lachte. «Es bleibt euch auch gar nichts anderes übrig, denn die Farbe ist nicht mehr wegzubringen. Ich hätte es euch gleich sagen müssen – aber ich habe nicht daran gedacht.»
Die Tulpen erschraken darüber nicht im geringsten. Sie sahen einander an und lachten. Es war ihnen ganz recht so. Nun konnte man immer ihre verschiedenen, schön farbigen Kleider bewundern. Und sie selbst hatten damit eine ganz besondere Erinnerung an den siebenmillionsten Geburtstag der Sonne.

*

Die Trollblume lacht wieder. «Ja, das Marienkäferchen! Das hat mir an der ganzen Geschichte am besten gefallen. Wie kann man nur seine Punkte verlieren!»
«O, das ist nicht das erstemal, dass ich so etwas höre», sagt der Löwenzahn. «Es gab einmal ein Marienkäferchen, das hat gleich alle seine sechs Punkte verloren.»
«Ist das eine traurige Geschichte?» will die Trollblume wissen.
«Nein, nein, im Gegenteil. Ich finde sie sehr schön. Wenn die Königin Rose es erlaubt, dass ich als Gast hier im Garten auch etwas sagen darf, dann möchte ich dem Mädchen hier davon berichten.»

«Du darfst», sagt die Königin. «Ich kenne die Geschichte nicht und bin selber sehr neugierig darauf.»
Und so macht der Löwenzahn ein paar Schritte weiter in den Garten hinein, setzt sich gemütlich hin und beginnt mit seiner Geschichte

Vom Marienkäferchen, das seine Punkte verlor

Es gab einmal ein kleines Marienkäferchen, das hatte sechs schöne, schwarze Punkte auf seinem rotbraunen Rücken. Das Käferchen war darauf ganz besonders stolz. Nicht alle seine Geschwister hatten nämlich sechs Punkte bekommen. Einige hatten nur fünf und eines sogar nur vier. Aber weil das Marienkäferchen auf seinen schönen Rücken so stolz war, benahm es sich auch recht übermütig. Es wollte sich überall zeigen, besuchte jeden Baum, jeden Strauch, jede Blume, um sich bewundern zu lassen. Oft setzte es sich auf ein Rosenblatt im Garten und fragte: «Bin ich nicht schön?» Die Rose nickte ihm zu und lächelte.

Das Marienkäferchen flog zufrieden weiter. Es kam bei einer grossen Wiese vorbei, setzte sich zuerst zu einer Margerite und dann zum Löwenzahn. Und immer wieder hörte man es fragen: «Bin ich nicht schön?»

Auch die Margerite nickte ihm freundlich zu. Der Löwenzahn aber lachte und meinte: «Sei nicht so dumm! Es gibt noch viele andere Marienkäferchen, die genau so schön sind wie du. Und überhaupt – wir Blumen sind noch viel schöner, aber wir reden nicht immer davon. Pass auf, dass dir dein Stolz nicht einmal einen bösen Streich spielt. Du bist zu übermütig, mein Kleines!»

«Ich passe schon auf!» rief das Marienkäferchen und flog davon. Es war fast ein wenig böse auf den Löwenzahn.

Als es zum Waldrand kam, sah es einen Riesen dort sitzen. Der hatte in der einen Hand ein grosses Stück Holz und in der anderen so eine Art Besen. Natürlich war das ein Mensch. Aber weil das Marienkäferchen so klein war, erschien er ihm eben als Riese. Der Mensch war ein Maler. Er wollte ein schönes Bild von der grossen Wiese malen. Das Stück Holz, das er in der Hand hielt, nennt man Palette. Darauf gibt der Maler die Farben, die er für das Bild braucht. Manchmal vermischt er sie miteinander und das gibt dann wieder andere Farben. Das, was das Marienkäferchen

als Besen ansah, war der Pinsel. Der Maler tauchte ihn in die verschiedenen Farben und malte damit das Gras, die Blumen und den Himmel auf ein Stück Leinwand.
Das Marienkäferchen war sehr neugierig. Es flog zu ihm hin. «Wenn der Riese sieht, wie schön ich bin, malt er mich vielleicht auch in sein Bild hinein», überlegte es.
Schon wollte es sich auf die Hand des Malers setzen, da bewegte sich diese. Das Käferchen bekam Angst, wich der Hand aus und setzte sich auf die Palette mit den Farben. Da geschah das Unglück. Plötzlich kam der grosse Pinsel und fuhr in den Farben herum, dass es nach allen Seiten spritzte. Das Marienkäferchen fühlte so etwas wie Regen auf seinen Rücken fallen. Es schüttelte sich. Das war ja ein komischer Regen – so gar nicht erfrischend. Und er machte seinen Rükken ganz schwer. Das Käferchen hatte grosse Mühe, wieder fortzufliegen. Es hatte genug gesehen und wollte nicht länger auf diesem Stück Holz bleiben, wo so unangenehme Dinge passierten.
Kaum war es ein Stück geflogen, fühlte es sich schon müde. Es setzte sich auf einen Grashalm, an dem eine Ameise entlangkroch. Als die Ameise näherkam, konnte das Marienkäferchen es nicht lassen, wieder zu fragen: «Bin ich nicht schön?»
Die Ameise sah mit grossen, erstaunten Augen zu ihm auf. Dann gab sie zur Antwort: «Warum glaubst du denn, dass du schön bist? Du bist doch ein ganz gewöhnlicher grüner Käfer. So einen wie dich habe ich noch nie gesehen. Wie nennt man dich denn?»
«Ich bin ein Marienkäferchen, und ich bin nicht grün. Siehst du das denn nicht?»
Die Ameise konnte nicht mehr weiterkrabbeln, so sehr musste sie lachen. «Du, ein Marienkäferchen? Das ist wohl ein Scherz! Ich weiss doch, wie Marienkäfer aussehen. Ich habe schon viele getroffen. Sie haben einen rotbraunen Rücken mit schwarzen Punkten darauf. Du aber bist so grün wie

das Gras, auf dem du da sitzest.» Und wieder lachte die Ameise.
Das Marienkäferchen aber rief: «Nein, ich bin nicht grün. Du bist eine ganz böse Ameise, weil du dich über mich lustig machst.»
«Und ich sage dir, du bist doch grün!» wiederholte die Ameise.
«Du bist grün! Du bist grün!» tönte es plötzlich von allen Seiten. Es waren die anderen Ameisen, die im Gras herumkrochen.
Das Marienkäferchen wollte nichts mehr davon hören und flog fort. Wieder wurde es sehr schnell müde, denn sein Rücken war immer noch schwer von dem merkwürdigen Regen. Da setzte es sich auf den Ast einer Buche am Waldrand, dicht neben einem Buntspecht. «Lieber Specht», bat es ihn, «bitte sag mir, wie mein Rücken aussieht. Ist er nicht schön rot und hat sechs schwarze Punkte?»
«Nein, ist er nicht», sagte der Specht gleichgültig. «Dein Rücken ist grün, und ich weiss überhaupt nicht, wer du bist. Stelle mir nicht so dumme Fragen und flieg weiter. Ich kenne dich ja gar nicht.»
Da wusste das Marienkäferchen, dass bei jenem Maler auf der Wiese etwas Grünes auf seinen Rücken gefallen war. Das musste ja schrecklich aussehen.
«Wäre ich nur nicht so neugierig gewesen», dachte es. «Was werden meine Eltern sagen, wenn ich am Abend nach Hause komme? Und meine Geschwister, die werden mich auslachen. Oh, das wird arg sein.»
Es wurde aber noch viel schlimmer, als das Marienkäferchen gedacht hatte. Die Mutter erkannte ihr Kind gar nicht mehr, und die Geschwister lachten nur über den grünen Käfer, der behauptete, ein Marienkäferchen zu sein.
So richtig böse wurde aber der Vater. «Verschwinde von hier!» rief er. «Du bist nicht mein Kind! So etwas Grünes habe ich nicht in meiner Familie. Das wäre ja noch schöner!»

Das Marienkäferchen mit dem grasgrünen Rücken zitterte aus lauter Angst. Dann flog es fort. Unterwegs beschloss es, in den Wald zu gehen. «Dort ist es dunkel, dort sieht mich niemand», dachte es. Und so flog es tief in den finsteren Wald hinein. Die Sonne ging gerade unter. Es wurde Nacht. Das arme Käferchen setzte sich auf den untersten Ast einer Tanne und weinte. Seine Tränen, die vom Baum herunterfielen, waren winzig klein, wie Tautröpfchen. Es weinte viel und sehr lange. Plötzlich rief jemand von unten: «Wer macht denn hier Tau? Das ist allein meine Aufgabe. Ich bin das Taumännchen! Nur ich darf das tun!» Das Marienkäferchen antwortete mit seinem zarten Stimmchen: «Ich mache keinen Tau, ich weine ja nur.»
«Komm herunter!» sagte das Taumännchen. «Ich will sehen, wer du bist. Und dann sag mir auch, warum du weinst.» Gehorsam flog das grün gewordene Käferchen zum Waldboden und liess sich neben dem Taumännchen nieder, das da im weichen Moos unter der Tanne sass. Es erzählte ihm die ganze Geschichte vom Maler, der eine Wiese malte; von seinem Wunsch, auch in das schöne Bild hineinzukommen, und vom spritzigen Regen, der seinen Rücken grün gefärbt hatte. «Dabei bin ich doch ein Marienkäferchen mit sechs prächtigen Punkten auf dem Rücken», sagte es noch, als seine Geschichte zu Ende war.
«Du warst wohl sehr stolz auf deinen schönen Rücken», meinte das Taumännchen. «Das darf man aber nicht sein. Auch wenn man sehr hübsch ist, muss man doch bescheiden bleiben. Merke dir das, kleiner Käfer.»
«Ja, ich will es mir merken», gab das Marienkäferchen zur Antwort.
«Gut, dann will ich dir helfen», versprach das Taumännchen. «Pass auf und tue genau das, was ich dir jetzt sage. Wenn morgen die Sonne aufgeht, dann flieg zur nächsten Wiese. Dort musst du dich auf einen starken Grashalm setzen und

zwar an einem Ort, wo die Sonne am heissesten brennt und kein Schatten hinzukommt. Es wird nicht angenehm sein; aber du musst bleiben, bis die Sonne untergeht. Nur so kann das Grün von deinem Rücken herunterfallen. Wenn das geschehen ist, komme ich zu dir und wasche dich mit meinem Tau, bis du ganz sauber bist. Nun lege dich schlafen, bis die Sonne kommt. Und weine nicht mehr, es wird alles wieder gut werden.»
Das Marienkäferchen bedankte sich und ging schlafen, während das hilfreiche Taumännchen weiter in den Wald hineinlief.
Am darauffolgenden Morgen erwachte es mit dem ersten Sonnenstrahl und flog sofort mitten auf die grüne Wiese. Folgsam setzte es sich dort hin und liess die heissen Sonnenstrahlen auf seinen Rücken fallen. Die Zeit wollte dabei fast nicht vorübergehen. Es war schrecklich langweilig, immer nur so dazusitzen. Und sein Rücken begann zu brennen, dass es richtig weh tat. Trotzdem blieb das Käferchen artig sitzen, wie es ihm das Taumännchen befohlen hatte.

Gegen Ende des Nachmittags fühlte es plötzlich, dass etwas mit seinem Rücken geschah. Da lief rechts und links etwas hinunter und fiel langsam, in grossen Tropfen, ins Gras. Dabei wurde dem Käferchen immer leichter und leichter. Zuletzt war sein Rücken gar nicht mehr schwer. «Vielen Dank, liebes Taumännchen!» rief es erleichtert, als die Sonne am Himmel sich rot zu färben begann.
Es wurde dunkel. Das Marienkäferchen blieb immer noch geduldig sitzen und wartete. Es dauerte nicht lange, da kam das Taumännchen mit seiner kleinen Giesskanne. Darin trug es die ganz besonders zarten, feinen und kühlen Wassertröpfchen, die man «Tau» nennt. Damit reinigte es das Marienkäferchen von den Resten der grünen Farbe, bis sein Rücken wieder schön rotbraun war und man alle sechs Punkte sehen konnte.

Das Marienkäferchen strahlte vor Glück und fand kaum genug Worte, um sich zu bedanken.
«Schon gut», sagte das Taumännchen. «Aber lass dir das eine Lehre sein. Sei nicht wieder so stolz auf deine Schönheit. Es gibt nämlich noch ganz viele Marienkäfer, die sind genau so schön wie du. Und dann sind ja auch andere Käfer schön – und die Vögel im Wald, die Blumen auf den Wiesen – überhaupt ist alles schön. Vergiss das nie und sei bescheiden.»
«Ja», sagte das Marienkäferchen, «ich will immer daran denken.» Es bedankte sich noch einmal und flog vom Grashalm weg, um nach Hause zu kommen. Hui, wie ging das jetzt wieder leichter mit dem Herumfliegen. Es war eine richtige Freude.
Vater und Mutter waren glücklich über seine Heimkehr. Auch die Geschwister freuten sich. Sie hatten es doch alle vermisst.
Das Marienkäferchen ist aber nie mehr stolz gewesen. Und nie mehr hat es gefragt: «Bin ich nicht schön?»

*

«Ein reizendes Marienkäferchen!» meint die Trollblume.
«Ein liebes Marienkäferchen», sagt Karin. «Sicher ist es jetzt nicht mehr so stolz. Aber hübsch ist es schon, das finde ich auch.»
«Wir sind alle hübsch», erklärt die Trollblume. «Am schönsten aber ist unsere Königin, die Rose. Und dabei ist sie gar nicht stolz, obwohl sie doch allen Grund dazu hätte.»
Die Rose lächelt. «Nein, nein, ich bin noch lange nicht die Schönste. Es gibt ja in den Wäldern, auf den Bergen und überhaupt weit weg von hier viele andere Blumen, die sind zum Teil noch viel schöner als ich. Kennt ihr zum Beispiel

die Seerose? Die ist ganz wunderschön. Alle Menschen lieben sie und freuen sich an ihr.»
«Hat die auch eine Geschichte?» will die Trollblume wissen.
«Gewiss hat sie das. Wer weiss davon zu erzählen?» Da meldet sich ein kleines Veilchen, das aus dem Walde hergekommen ist, und sagt: «Ich weiss es noch alles ganz genau. Es ist ja bei uns im Walde geschehen.»
«Dann musst du es uns erzählen», meint die Rose. «Wir freuen uns, dass du gerade heute zu uns gekommen bist.»
«Danke!» flüstert das Veilchen bescheiden und sagt dann: «Die Geschichte heisst

Das vertauschte Herz

Immer, wenn der junge Förster gegen Abend durch den Wald heimwärts ging, sang er sein Lieblingslied. Er sang es so schön, dass selbst die Nachtigall still wurde, wenn er vorbeikam. Auch sie lauschte gern seiner Stimme. Und sie selbst begann erst wieder zu singen, wenn der letzte Ton seines Liedes verklungen war.

Aber nicht nur die Nachtigall, auch der alte Uhu, der Specht, die Rehe und Hasen hörten das Lied des jungen Försters gern und spitzten ihre Ohren, wenn er es sang.

Doch am meisten freuten sich darüber die Elfen. Ging der Förster fröhlich singend vorbei, dann streckten sie ihre Köpfchen aus den Gebüschen hervor und sahen ihm nach. Er selbst ahnte nichts davon. Elfen sind Waldgeister. Sie sind durchsichtig wie Glas und deshalb für die Menschen bei Tageslicht unsichtbar. Nur bei Nacht, im Schein des Mondes, nehmen sie Gestalt an. Dann sind sie ähnlich wie schöne junge Mädchen – und doch ganz anders. Ihre Augen sind von einem ungewöhnlich starken Blau und haben einen Strahlenglanz, der an Sterne erinnert. Ihr Haar scheint aus feinen Goldfäden zu bestehen, ihre Füsse sind zart und berühren die Erde kaum. Das Seltsamste an ihnen aber ist ihr silbernes Herz. Es ist nicht wie hartes Metall; o nein, es ist schmiegsam und ganz dünn. Es glänzt auch und ist beinahe so durchsichtig wie Kristall. So ein Elfenherz ist leicht und ganz anders als ein Menschenherz; denn es kennt keine Angst und keine Schmerzen.

Nun war unter den Waldelfen eine, die das Lied des jungen Försters noch mehr liebte als alle anderen. Sie konnte es nicht oft genug hören. Wenn er singend durch den Wald ging, streckte sie nicht nur ihr Köpfchen am weitesten aus den Gebüschen heraus; nein, manchmal ging sie mit leichtem, fast schwebendem Gang hinter ihm her, um ja keinen Ton seines Liedes zu verpassen. Der Förster ahnte nichts davon. Ihre Füsse berührten die Erde nicht. Es gab kein Geräusch, das ihn darauf aufmerksam gemacht hätte.

Doch einmal trat der junge Sänger seinen Weg zum Forsthaus später an als sonst. Manche Tiere hatten sich bereits zum Schlafen hingelegt, obwohl der Vollmond den ganzen Wald mit seinem silbernen Licht überstrahlte und man Wege, Bäume und Sträucher so gut sehen konnte wie bei Tage. Der Förster sang, wie immer, sein schönes Lied. Die Elfe folgte ihm diesmal bis zum Försterhaus. Als er eingetreten war und die Tür hinter sich schliessen wollte, da stand sie vor ihm. Im silberhellen Schein des Vollmondes konnte er sie nun sehen. Überrascht, aber auch erfreut betrachtete er das zierliche, hübsche Wesen. «Was willst du hier?» sagte er.
«Sing mir noch einmal dein Lied! Es ist wunderschön. Ich höre es so gern. Bitte, sing es noch einmal!»
Der Förster konnte dieser Bitte nicht widerstehen. Er sang deshalb sein Lied noch einmal, ganz allein für diese schöne Waldelfe. Als der letzte Ton verklungen war, sagte er: «Nun musst du aber gehen. Deine Schwestern suchen dich bestimmt schon. Man wird dich im Wald vermissen.»
«O nein, ich will hierbleiben», gab die Elfe zur Antwort. «Ich will bei dir bleiben und immer wieder dein schönes Lied hören. Nie mehr will ich von hier fortgehen.»
Der Förster schüttelte den Kopf. «Aber das geht nicht! Du bist eine Elfe, ein Waldgeist, und ich bin ein Mensch. Du hast doch kein Herz, so wie ich. Wir könnten uns nie verstehen.»
«Doch, ich habe ein Herz!» versicherte ihm die Elfe.
«Ein Herz aus Silber, ich weiss», sagte der Förster. «Aber das ist etwas ganz anderes als ein Menschenherz. Ein Herz aus Silber ist kalt. Es kennt weder Schmerz noch Freude, und es weiss auch nicht, was es heisst, einen anderen Menschen sehr lieb zu haben. Also geh zurück in den Wald, wo du hingehörst. Hier kannst du nicht bleiben. Bei Tag könnte ich dich ja nicht einmal sehen. Ich wüsste gar nicht, ob du überhaupt da bist.»
«Wenn ich ein Menschenherz hätte, wenn du mich auch bei

Tag sehen könntest, dürfte ich dann bei dir bleiben?» wollte die Elfe wissen.
«Ich weiss nicht, vielleicht», sagte der Förster. «Ich komme wieder», versprach die Elfe und schwebte davon. Der Förster sah ihr noch lange nach. Dann schloss er die Tür und summte leise ein paar Töne seines Liedes. Aber die Elfe hörte es nicht mehr. Sie war schon zu weit weg; denn plötzlich hatte sie es sehr eilig, in den Wald zurückzukommen. Auf ihrem Weg dachte sie darüber nach, wie sie ein Menschenherz bekommen könnte. Sie hatte nur noch diesen einen, einzigen Wunsch. Doch wen konnte sie danach fragen?
Da traf sie als erste die Nachtigall. Die Elfe blieb stehen, sah zum Baum hinauf und rief leise: «Nachtigall, kannst du mir sagen, was ich tun muss, um ein Menschenherz zu bekommen?» Die Nachtigall hörte auf zu singen, sah fast mitleidig auf die Elfe hinunter und antwortete: «Ein Menschenherz? Wünsch dir das nicht, liebe Elfe. Ein Menschenherz, das kann sehr weh tun.»
«Was ist das, ‹weh›?»
«Ich kann es dir nicht erklären», sagte die Nachtigall.
«Warum willst du ein Menschenherz?»
«Ich will zum Förster gehen und bei ihm bleiben, damit er mir immer wieder sein schönes Lied singt. Aber das geht nur, wenn ich ein Menschenherz habe.»
«Wenn du es unbedingt willst, dann frag den alten Uhu dort drüben. Der weiss fast alles. Vielleicht kann er dir einen Rat geben.»
So ging die Elfe zum alten Uhu, der in der grossen Eiche sass. Der Uhu blinzelte in die Nacht hinein, als ob er ganz angestrengt über etwas nachdächte. Die Elfe wagte es fast nicht, ihn dabei zu stören. Aber sie fasste schliesslich Mut und rief ihm zu: «Lieber Uhu, kannst du mir bitte sagen, wie ich ein Menschenherz bekomme?»
Der alte Uhu beugte sich etwas hinunter, betrachtete die Elfe

lange nachdenklich und sagte dann: «Ein Menschenherz? Du willst wirklich ein Menschenherz? Du weisst gar nicht, was du da sagst. Verlange das nie! Ein Menschenherz, das kann sehr weh tun.»
Diesmal erschrak die Elfe schon ein wenig, als sie das nun zum zweitenmal hörte. Aber da sie ja nicht wusste, was das ist, «weh tun», antwortete sie: «Ich will aber ein Menschenherz! Ich will zum Förster gehen und auch bei ihm bleiben. Er soll mir immer wieder sein schönes Lied singen. Das aber kann ich nur, wenn ich ein Menschenherz habe.»
«Nun», meinte der alte Uhu, «wenn es dein fester Wille ist, will ich dir sagen, wo du es bekommst. Geh immer geradeaus, bis du eine Felsenhöhle siehst, vor deren Öffnung ein alter Mann sitzt und sich am Feuer wärmt. Sag ihm, was du begehrst. Er ist nicht nur ein grosser, er ist auch ein guter Zauberer. Der wird dir deinen Wunsch sicher erfüllen.»
Die Elfe bedankte sich freundlich beim alten Uhu und machte sich auf den Weg, den Zauberer aufzusuchen.
Sie kam sehr bald zu jener Felsenhöhle, und wie der alte Uhu gesagt hatte, sass da ein alter Mann am Feuer und wärmte seine mageren Hände. Es war der Zauberer. «Was suchst denn du bei mir?» sagte er erstaunt, als er die Elfe erblickte.
«Ich möchte ein Menschenherz!» antwortete die Elfe. «Bitte, gib mir ein Menschenherz!»
Der Zauberer schüttelte leicht den Kopf. «Das ist nicht gut für dich, das sollst du nicht verlangen. Weisst du denn nicht, dass ein Menschenherz sehr weh tun kann?»
Da war sie wieder, diese fast unheimliche Warnung. Der Elfe wurde dabei ganz sonderbar zumute. Dennoch sagte sie: «Bitte, ich brauche das Herz. Ich muss es haben, sonst kann ich nicht zum Förster gehen und für immer bei ihm bleiben. Und das will ich doch. Sein Lied ist so wunderschön. Ich muss es immer und immer wieder hören.»
«Wenn es denn sein muss!» seufzte der Zauberer. «Nun gut,

du sollst dein Herz bekommen. Aber ich gebe es dir nicht umsonst. Du musst etwas dafür tun. Nur so werde ich wissen, ob du es auch wirklich willst.»
«Ich will alles tun, was du verlangst», versicherte ihm die Elfe.
«Dann pass auf», sagte der Zauberer. «Du musst mir drei Dinge dafür bringen: eine Sternschnuppe, einen Silberstrahl des Mondes und ein goldenes Haar der Elfenkönigin. Wenn ich diese drei Dinge habe, gebe ich dir dafür ein Menschenherz.»
«Aber wo finde ich eine Sternschnuppe, und wie kann ich vom Mond einen seiner Silberstrahlen bekommen?» sagte die Elfe. «Ich werde dir nie verschaffen können, was du da verlangst.»
«Ich will es dir erklären», gab der Zauberer zur Antwort. «Nicht weit von hier liegt ein kleines Tal zwischen drei hohen Bergen. In diesem Tal gehen alle Sternschnuppen nieder; denn dort ist ein Netz, aus reinem Gold gewirkt, aufgespannt. Das Netz ist wie ein Magnet. Es zieht die Sternschnuppen an, so dass sie nur dort hineinfallen können. Ein Mädchen sammelt sie ein. Vielleicht gibt es dir eine davon. Das Mädchen kann dir auch sagen, wohin die Silberstrahlen des Mondes fallen.»
Wieder machte sich die Elfe auf den Weg. Sie war fest entschlossen, alles zu tun, um sich das ersehnte Menschenherz zu verdienen. Nach längerer Wanderung kam sie in jenes Tal, das ihr der Zauberer beschrieben hatte. Schon aus der Ferne sah sie das goldene Netz blinken. Und mitten im Netz hüpfte ein Mädchen herum und sammelte kleine, goldene Sternschnuppen ein. Die legte es in ein goldenes Körbchen am Rande des Netzes.
Die Elfe kam näher. «Was macht du mit all diesen Sternschnuppen?» fragte sie.
«Die kommen wieder zurück zu den Sternen», erklärte ihr das Mädchen freundlich. «Ein Adler mit goldenen Flügeln

trägt sie zur Milchstrasse. Dort nimmt sie der Sternenwärter in Empfang und gibt sie den Sternen zurück.»
«Kann ich nicht eine dieser Sternschnuppen haben?» bat die Elfe. «Es sind ja so viele. Eine mehr oder weniger, das macht doch nichts aus!»
«O nein», wehrte sich das Mädchen. «Der Sternenwärter würde es sicher bemerken und mich vielleicht dafür bestrafen.»
«Aber ich muss dem Zauberer eine Sternschnuppe bringen, sonst bekomme ich kein Menschenherz und kann nicht beim Förster wohnen. Dann wird er auch sein schönes Lied nicht für mich singen. Aber ich liebe sein Lied so sehr. Ich muss es immer wieder hören.»
Das Mädchen überlegte. Es stand mitten im Netz und hielt eine Sternschnuppe in der Hand. «Ich wüsste vielleicht etwas», sagte es. «Der Sternenwärter ist schon alt und seine Augen sind nicht mehr die besten. Wir könnten ihn täuschen. Gib mir den Strahlenglanz deiner Augen! Ich schicke ihn hinauf zur Milchstrasse. Der Sternenwärter wird ihn für eine Sternschnuppe nehmen.»
«Den Strahlenglanz meiner Augen?» staunte die Elfe. «Wie könnte ich dir den geben?»
«Das überlass nur mir. Willst du es tun?»
Die Elfe überlegte einen Augenblick. Doch dann sagte sie: «Ja, für den Förster und sein schönes Lied will ich ihn dir geben.»
Da kam das Mädchen aus dem goldenen Netz heraus, näherte sich der Waldelfe und fuhr ihr mit der rechten Hand leicht über beide Augen. Die Elfe bekam ein sehr merkwürdiges Gefühl dabei. Sie rief: «O, es wird dunkel. Ich glaube, ich sehe gar nicht mehr richtig.»
«Du hast nun Augen wie dein Förster, aber schlecht sind sie nicht. Du musst dich nur daran gewöhnen», erwiderte das Mädchen und legte dabei etwas seltsam Glitzerndes in sein Körbchen. Es sah aus wie ein grosser, blauer Edelstein.

Dafür bekam nun die Elfe eine Sternschnuppe und zwar eine ganz besonders schöne. Sie bedankte sich und erkundigte sich dann nach den Silberstrahlen des Mondes.

«Wenn du zwischen den beiden nächsten Bergen hindurchgehst», erklärte das Mädchen, «kommst du zum Silbersee. Er wird so genannt, weil die Silberstrahlen des Mondes alle dort hineinfallen. Auf dem See wirst du ein Boot finden, in dem auch ein Mädchen sitzt. Vielleicht gibt es dir, was du verlangst.»

Wieder machte sich die Elfe auf den Weg. Diesmal kam sie weniger schnell voran, denn sie musste gut aufpassen, weil ihre Augen in der Dunkelheit jetzt kaum die Strasse sehen konnten. Aber sie kam noch in der gleichen Nacht ans Ziel. Wie staunte sie, als sie vor dem silbernen See stand. Er sah aus wie ein grosser, runder Spiegel. Die Elfe beugte sich ein wenig nach vorne und blickte hinein. Erschrocken fuhr sie zurück. Ihre Augen waren ja gar nicht mehr ihre Augen. Es war, als ob eine Fremde sie aus dem Spiegel ansehe. Dann sah sie über das Wasser. Da fuhr das Boot und darin stand ein Mädchen mit silbernem Haar. Es hielt einen langen Stab in der rechten Hand, mit dem es die vom Mond heruntergefallenen Silberstrahlen aus dem Wasser hob und in das Boot legte.

«Was tust du mit diesen Strahlen?» erkundigte sich die Elfe.

«Die holt von Zeit zu Zeit der Nachtwind, wenn er hier vorbeikommt», erklärte ihr das Mädchen. «Er trägt sie wieder zum Mond zurück; denn der Mond hat nicht so viel Silber, um während Tausenden von Jahren immer wieder neue Strahlen zur Erde zu schicken.»

«Kannst du mir nicht so einen Silberstrahl schenken?» bat die Elfe. «Der alte Mond wird es doch sicher nicht merken, wenn er ein ganz kleines bisschen weniger Silber zurückbekommt.»

«Schenken?» Das Mädchen lachte. «Was gibst du mir denn dafür?»
«Was kann ich dir geben? Ich habe nur diese Sternschnuppe, aber die muss ich dem Zauberer bringen. Und er will auch einen Silberstrahl des Mondes haben. Dafür bekomme ich ein Menschenherz und kann beim Förster bleiben, der ein so schönes Lied singt.»
«Ein Menschenherz?» Das Mädchen lachte wieder. «Du bist doch eine Elfe! Wie dumm von dir, so etwas zu wünschen! Doch wenn du es so sehr begehrst, will ich dir helfen. Gib mir deine leichten Füsse, die so herrlich über dem Boden schweben. Ich möchte nicht immer nur mit diesem Boot herumfahren. Wenn ich deine Füsse hätte, dann könnte ich über dem Wasser schweben und sogar im Mondschein auf meinem See tanzen. Ja, tanzend will ich die Silberstrahlen des Mondes auffangen. Also gib mir deine Füsse und nimm meine dafür.»
«Wie kann ich denn das?» sagte die Elfe.
«Das überlass nur mir», antwortete das Mädchen. «Willst du nun oder willst du nicht?»
Die Elfe dachte an den jungen Förster und an sein schönes Lied. Die Melodie war so zauberhaft. Sie horchte in die Nacht hinein und glaubte, aus der Ferne seine Stimme zu hören. Da konnte sie einfach nicht «nein» sagen. Sie musste den Silberstrahl, sie musste das Menschenherz haben. «Ja», sagte sie entschlossen. «Ich gebe dir, was du verlangst.»
Das Mädchen fuhr zum Ufer und reichte ihr den Silberstrahl. Aber kaum hatte die Elfe ihn ergriffen, da berührten ihre Füsse plötzlich den harten Waldboden. Es war, als würden sie schwer und immer schwerer. Der Boden schien sie mit seiner ganzen Kraft anzuziehen.
«Nun kann ich viel schneller arbeiten!» rief das Mädchen. «Ich kann mehr Strahlen in jeder Nacht auffangen, und so wird der alte Mond es nie merken, dass einer fehlt.» Das Mädchen sprang übermütig auf das Wasser, schwebte und

153

tanzte darüber hin und fing dabei rechts und links die Silberstrahlen schon im Herunterfallen auf.
Noch einmal sah die Elfe auf ihre plötzlich so schwer gewordenen Füsse. Dann lief sie fort: in der einen Hand den Silberstrahl, in der anderen die Sternschnuppe. Der Weg zurück zu ihrem Wald war lang und beschwerlich. Sie wurde müde und die neuen Füsse taten ihr weh. Sie spürte auch jeden Stein, über den sie ging.
Im Wald, der ihre Heimat war, traf sie als erste die Elfenkönigin. «Bitte, gib mir eines deiner goldenen Haare!» bat sie sogleich. «Es ist das einzige, was mir noch fehlt, damit ich ein Menschenherz bekomme.»
Die Elfenkönigin wusste schon alles. Die Nachtigall, der alte Uhu und auch der Zauberer hatten ihr von der Elfe erzählt, die für ein Menschenherz und für eine schöne Melodie alles geben wollte. Die Elfenkönigin nahm eines ihrer goldenen Haare und sagte: «Ich verlange nichts dafür, wie die beiden Mädchen. Aber du musst mir versprechen, in den Wald zurückzukehren, wenn es dir draussen nicht gut geht.» Das tat die Elfe gern.
Nun besass sie alles, was der alte Zauberer von ihr gefordert hatte. So rasch sie nur konnte, eilte sie zur Felsenhöhle, um endlich das ersehnte Herz zu bekommen.
Der Zauberer blickte ihr tief in die Augen, betrachtete lange ihre Füsse und sagte dann: «Du hast viel für ein Menschenherz gegeben, du sollst es haben.» Er nahm die Sternschnuppe, den Silberstrahl des Mondes und das goldene Haar der Elfenkönigin und verschloss alles sorgfältig in einem gläsernen Schrank. Dann gab er der Elfe einen Zaubertrank. Kaum hatte sie den Becher geleert, da wurde ihr silbernes Herz plötzlich von warmem, rotem Blut durchströmt und begann wie wild zu pochen. Es war ein Menschenherz geworden. Die Elfe aber sah nun aus wie jedes junge Mädchen, nur viel hübscher. Sie besass ja noch den goldenen Glanz im langen Haar; die feinen, zierlichen Hände und die zarte,

schlanke Gestalt. Aber sehen konnte man sie nun auch am hellichten Tag.

«Nun geh zu deinem Förster», sagte der Zauberer. «Aber vergiss nicht, was ich dir gesagt habe. Ein Menschenherz kann sehr weh tun. Du wirst erst lernen müssen, damit zu leben.»

Die Elfe achtete nicht mehr auf diese Worte. Sie hatte sich bereits abgewandt und war auf dem Weg zum Försterhaus. Dabei erfasste sie eine noch nie gekannte Unruhe. Das neue Herz pochte und pochte, wenn sie an die Begegnung mit dem jungen Förster dachte. Ob sie wohl bei ihm bleiben durfte? Oder vielleicht wollte er gar nichts von ihr wissen und schickte sie wieder fort? Sie begann sich zu fürchten – ja sie zitterte sogar. Ihr Herz schlug immer wilder und ungestümer. Am lautesten pochte es, als sie vor dem Försterhaus stand und an die Tür klopfte. «Nun wird es gleich zerspringen, dieses Menschenherz», dachte die Elfe.

Der Förster öffnete die Tür. Er erkannte die Elfe nicht wieder. Für ihn stand da einfach ein junges Mädchen, das schöner war als alle, die er bisher gesehen hatte. «Was suchst du hier?» erkundigte er sich freundlich.

«Erkennst du mich denn nicht? Ich bin doch die Elfe, die dein Lied so gerne hört. Aber jetzt bin ich eigentlich keine mehr. Ich habe ein richtiges Menschenherz, so wie du. Und du kannst mich auch bei Tag sehen. Darf ich jetzt bei dir bleiben? Wirst du dein wunderschönes Lied nun jeden Abend für mich allein singen?»

Der Förster zögerte zuerst ein wenig. Das kam alles so überraschend. Doch dann liess er das Mädchen eintreten und er sang ihm auch sein Lied. Als er geendet hatte, erzählte ihm die Elfe, was sie alles hatte tun und geben müssen, um ein Menschenherz zu bekommen. Da wagte er es nicht mehr, sie fortzuschicken. Sie durfte bei ihm bleiben und wurde seine Frau.

Aber die Sorgen begannen schon am zweiten Tag, den sie im

Försterhaus verbrachte. Sie sollte kochen, putzen, nähen, den Garten besorgen und noch viele andere Arbeiten verrichten. Einfach all das, was eine richtige Hausfrau tun muss. Die Elfe aber verstand gar nichts von diesen Dingen. Sie hatte es ja nicht gelernt wie andere junge Mädchen. Ihre Hände waren zart und fein, aber sehr ungeschickt. Sie machte alles falsch. Zuerst sagte der Förster nichts. Er dachte: «Sie muss sich erst daran gewöhnen. Sie wird es schon noch lernen.» Mit der Zeit aber verlor er die Geduld. Er ärgerte sich und begann zu schimpfen. Und da er nicht glücklich war, sang er auch sein Lied nicht mehr; weder beim Gang durch den Wald noch abends im Försterhaus. Wenn er jetzt durch den Wald nach Hause ging, tat er es still und traurig, denn er freute sich gar nicht auf den Feierabend, wie er das früher getan hatte. Das Essen, das ihm seine junge Frau hinstellte, war schlecht; an seinem Anzug fehlten die Knöpfe, und die Blumen im Garten verblühten, weil sie kein Wasser bekamen.

Und eines Abends wurde er darüber so zornig, dass er seiner jungen Frau sagte: «Dort ist die Tür! Geh hinaus in den Wald, aus dem du gekommen bist. Ich will dich nicht mehr sehen. Du bist ja immer noch ein Waldgeist. Nie wieder sollst du die Schwelle dieses Hauses betreten!» Dann öffnete er die Tür und schickte sie fort.

Verzweifelt und weinend ging sie hinaus. Sie hatte so viel dafür gegeben, um bei ihm zu bleiben. Das Wertvollste, das sie besass, hatte sie geopfert für eine einzige, schöne Melodie: den Strahlenglanz ihrer Augen, die Leichtigkeit ihrer Füsse und ihr ruhiges, silbernes Herz. Und nun schickte er sie zurück in den Wald, wollte nichts mehr von ihr wissen. Nie wieder durfte sie sein schönes Lied hören. Was sollte sie nun beginnen? Wohin konnte sie sich wenden? Sie war ja nun keine Elfe mehr; kein Waldgeist, wie ihr der Förster gerade gesagt hatte.

Doch da fiel ihr das Versprechen ein, das sie der Elfenkönigin für das goldene Haar gegeben hatte. Das Versprechen, zurückzukehren, wenn es ihr nicht gut gehe. So schlug sie den Weg zum Wald ein. Träne um Träne lief über ihre Wangen und das Herz tat ihr so schrecklich weh. Da musste sie an die Worte der Nachtigall denken; an das, was der alte Uhu gesagt hatte, und an die Warnung des Zauberers. Ja, nun wusste sie es, wie arg weh so ein Menschenherz tun kann. «Hätte ich doch mein Silberherz wieder!» dachte sie. «Das war so ruhig und still. O, wie schön war das doch!» Und sie sah endlich ein, wie töricht ihr Wunsch nach einem Menschenherzen gewesen war.

Sie kam beim kleinen Waldsee vorbei, und da sie sich müde fühlte und auch gar keine Lust hatte, weiterzugehen, setzte sie sich, noch immer weinend, ans Ufer. Dabei fielen alle ihre Tränen in den See. Aber sie vermischten sich nicht mit dem Wasser. Sie wurden zu ganz kleinen, hellen Blüten, die sich im Licht des Mondes weiter ausdehnten und zuletzt eine seltsame, aber wunderschöne Blume bildeten. Dann gab es noch eine zweite Blume und eine dritte.

Vom Dorf her schlug es Mitternacht. Ganz leise kam beim letzten Glockenschlag die Elfenkönigin am See vorbei, zog die junge Frau vom Wasser fort und führte sie tiefer in den Wald hinein. Dort erhielt sie von ihr alles zurück, was sie für das schöne Lied des Försters weggegeben hatte: die strahlenden Augen, die schwebenden Füsse und das silberne Herz. So wurde sie wieder eine Elfe und wusste nichts mehr von ihren Erlebnissen im Försterhaus.

Seit jener Nacht aber erblühen immer dann, wenn ein junges Mädchen am Waldsee weint, neue Blumen auf dem Wasser. Sie werden «Seerosen» genannt. Und diese Blumen sterben nie aus; denn immer wird es Menschen geben, die aus Liebe weinen, weil es auch die Liebe immer gibt.

*

«Die arme Elfe», ruft Karin gleich, als die Geschichte fertig ist. «Ob sie wohl jetzt wieder glücklich ist?»
«Sicher ist sie das, sie hat ja wieder ihr Silberherz und das kann nicht weh tun», meint das Schlüsselblümchen.
«Ja, das ist gut so.» Karin ist zufrieden.
«Aber jetzt wollen wir doch wieder lustig sein», bittet die Trollblume. «Darf ich endlich auch einmal eine Geschichte erzählen? Ich weiss nämlich etwas ganz Lustiges.»
«Gut», sagt die Rose. «Aber es muss etwas von einer Blume, einem Baum oder einem Strauch sein.»
«Es handelt von einem Apfelbaum und einem lustigen Kobold. Also hört gut zu. Sie ist interessant, meine Geschichte. Und sie heisst

Der Baum mit den goldenen Äpfeln

Es war einmal ein alter Mann, der besass ein bescheidenes kleines Haus und davor einen schönen Garten. Dieser Garten war seine einzige Freude. Darum pflegte er ihn auch mit viel Liebe. Und weil der Garten so schön war, setzte sich eines Tages ein kleiner Kobold hinein.

Ein Kobold, das ist ein kleines Zwergenmännlein, das aber nicht, wie die anderen Zwerge, fleissig arbeitet und den Menschen Gutes tut. Nein, ein Kobold neckt die Menschen gern und freut sich, wenn er etwas anstellen kann, über das sie sich ärgern.

Als der alte Mann den Kobold unter dem Holunderbusch entdeckte, wollte er ihn am Kragen packen und hinauswerfen. Aber der Kobold war flinker und hüpfte ihm davon, mitten unter die schönen Rosen. Dabei wurde eine dieser wunderbaren Blumen geknickt, was den Alten ganz schrecklich ärgerte. Er hatte sich so viel Mühe gegeben mit den Rosen, und sie waren ja auch prächtig gewachsen.

Ein zweites Mal versuchte er, den Kobold zu fangen. Doch der war schnell verschwunden und kicherte bereits wieder aus dem Fliederbusch hervor. Verärgert gab der alte Mann es auf und ging ins Haus zurück.

Den ganzen Abend dachte er darüber nach, wie er den Kobold loswerden könnte. Und dann fiel ihm etwas ein. Er ging hinunter in den Keller. Da stand noch eine Falle, wie man sie braucht, um Füchse zu fangen, wenn sie Hühner stehlen wollen. In diese Falle legte er allerlei gute Sachen, wie Speck, Wurst und Käse. Ja sogar etwas Süsses war dabei: Er wusste ja nicht, was Kobolde am liebsten essen. Dann trug er die Falle hinaus in den Garten und stellte sie unter den Fliederbusch. «Viel Glück, kleiner Kobold!» murmelte er dabei und lachte verschmitzt. Danach ging er beruhigt ins Haus und legte sich zu Bett.

Am anderen Morgen wurde er schon früh aufgeweckt. Der Lärm aus dem Garten drang bis ins Haus hinein. Da schrie jemand: «Hilfe, Hilfe! Ich will hinaus! Ich will hinaus!»

«Aha, der Kobold ist in die Falle gegangen», brummte der Alte und rieb sich vor Freude die Hände. «Jetzt habe ich ihn!» Er zog sich an und ging in den Garten, um nachzusehen.
Der Kobold war wirklich zu bedauern. Seine kleinen Füsse waren gefesselt und taten ihm schrecklich weh. Und der alte Mann stand dabei und freute sich. Der kleine Kobold tat ihm gar nicht leid. Warum musste er sich auch ausgerechnet in seinem Garten herumtreiben und seine schönen Rosen beschädigen.
«Lass mich heraus!» rief der Kobold wieder. «Bitte lass mich da heraus!»
«Nein», sagte der alte Mann, «ich lasse dich nicht heraus.»
Der arme kleine Kobold begann zu weinen, weil ihn seine Füsse so sehr schmerzten. Dann hatte er aber plötzlich einen guten Einfall. Er sagte zum alten Mann: «Wenn du mich wieder freigibst, will ich dir einen Wunsch erfüllen. Ganz gleich, was du verlangst – du wirst es bekommen.»
«Auch wenn es ein ganz grosser Wunsch ist?» meinte der Alte.
«Auch ein ganz grosser, ja», gab der Kobold zur Antwort. Der Mann dachte lange nach, was er sich denn wünschen könnte. Er war ja nicht reich. Er besass nur das Allernötigste. Es wäre doch schön, etwas mehr zu haben – sich noch dieses oder jenes leisten zu können. Dazu müsste er mehr Geld haben. Und wie er so überlegte, fiel sein Blick auf den grossen, hochgewachsenen Apfelbaum, an dem die Früchte eben zu reifen begannen. Da wusste er plötzlich, was er verlangen wollte.
«Ich will, dass an diesem Baum Äpfel aus reinem Gold wachsen», sagte er. «Wenn du mir diesen Wunsch erfüllen kannst, werde ich dich befreien.»
«Gut», antwortete der Kobold. «Dein Wunsch sei dir erfüllt.»
Der Alte sah zum Apfelbaum hinauf und staunte. Da gab es

plötzlich oben in der Krone des Baumes mehrere goldene Äpfel. «Wunderbar!» rief er. «Sie werden alle zu echtem Gold. Ich bin ein reicher Mann!» Erfreut beugte er sich hinunter, öffnete die Falle und befreite den kleinen Kobold. Schnell wie der Blitz verschwand das Zwergenmännlein aus dem Garten.

Der alte Mann richtete sich wieder auf und sah ein zweites Mal zum Apfelbaum hin. Enttäuscht schüttelte er den Kopf. Die Äpfel, die ganz oben in der Krone des Baumes hingen, waren wohl aus reinem Gold; aber die an den unteren Ästen hatten sich nicht verändert; das waren ganz gewöhnliche Äpfel.

Der Alte ärgerte sich. Die goldenen Äpfel hingen ja viel zu hoch, die konnte er gar nicht herunternehmen. Er ging ins Haus und holte sich eine Leiter. Aber auch die reichte nicht aus, um die Äpfel zu pflücken. Dann besorgte er sich in der Scheune eine lange Holzstange und versuchte, damit die Früchte herunterzuschlagen. Es war vergebliche Mühe. Die Äpfel lösten sich nicht von den Ästen. Nun wusste der Alte, dass ihm der Kobold einen bösen Streich gespielt hatte. «Wenn ich den erwische!» schimpfte er. «Das soll er mir aber büssen.»

Aus dem Holunderstrauch hörte er in diesem Augenblick ein schadenfreudiges Lachen. Dort sass nämlich der kleine Kobold und freute sich an der vergeblichen Mühe des Mannes, die goldenen Äpfel zu bekommen. Er schlug sich mit seinen Händchen auf die Schenkel und lachte immer lauter. Der alte Mann ging auf den Holunderstrauch zu – doch der Kobold war wieder schneller. Im Nu hatte er sich durch den Lattenzaun aus dem Garten davongemacht.

Da setzte sich der Mann auf seine Bank und überlegte, was nun zu tun sei. Es wollte ihm aber nichts Gescheites einfallen.

Als es draussen dunkel wurde, ging er wieder ins Haus und legte sich zu Bett. Er war noch nicht eingeschlafen, da vernahm er aus seinem Garten Schritte und Stimmen. Leise ging er zum Fenster. Da schlichen drei junge Burschen herum und versuchten, seine Goldäpfel zu stehlen. Zornig wollte er sich aus dem Hause stürzen – aber er war zu ängstlich. Wie hätte er es als alter Mann mit drei kräftigen jungen Burschen aufnehmen können! Also blieb er am Fenster stehen und beobachtete, was draussen geschah. Die Burschen versuchten alles mögliche, um an die goldenen Äpfel zu gelangen. Doch die Nacht ging vorbei, die Sonne kam hinter den Bergen herauf, und noch hingen sie alle oben im Baum. Der Alte lachte und klatschte vor Freude in die Hände.

In der nächsten Nacht geschah das gleiche. Nur waren es diesmal fünf Burschen, die gemeinsam versuchten, die goldenen Früchte zu ernten.

Und wieder stand der alte Mann am Fenster und sah ihnen zu. Er lachte dabei leise in sich hinein, denn er wusste: die Äpfel konnte keiner herunterholen. Der Kobold liess es einfach nicht zu. Nun, da sich jede Nacht Diebe in seinem Garten herumtrieben, begann er sich sogar darüber zu freuen, dass die goldenen Äpfel so hoch und so fest am Baum hingen.

Und dann, als er wieder einmal die ganze Nacht am Fenster stand und in den Garten hinaussah, hatte er plötzlich einen neuen Einfall. «Ich muss den Kobold ein zweites Mal einfangen», überlegte er. «Dann kann ich mir auch zum zweitenmal etwas wünschen, und er muss mir die goldenen Äpfel vom Baum herunterfallen lassen. Ob er sich wohl noch immer im Garten aufhält?»

Ganz leise öffnete er das Fenster und lauschte in die warme Sommernacht hinaus. Ja, da erklang gerade das feine Kichern des Kobolds aus einem Strauch in der Nähe. Es tönte fast wie das Meckern einer Ziege – aber laut genug, um die fünf Burschen aus dem Garten zu vertreiben. Sie glaubten, ein Gespenst sei hinter ihnen her.

«Danke, mein kleiner, böser Kobold», murmelte der alte

Mann und ging beruhigt schlafen. Er war sehr müde nach diesen zwei Nächten, die er am Fenster verbracht hatte, ohne zu schlafen. Lange hätte er es wahrscheinlich nicht mehr ausgehalten. Er wäre sicher vor Müdigkeit noch umgefallen. Am nächsten Morgen suchte er im ganzen Hause nach etwas, mit dem er den Kobold einfangen könnte. Die Fuchsfalle konnte er ja nicht mehr nehmen, die kannte der Zwerg bereits. Und er würde sicher sehr gut aufpassen, wenn er wieder in den Garten kam. In diese Falle würde er daher nicht mehr hineintappen.

Da entdeckte er ein feinmaschiges Netz, das er so herrichtete, dass es sich zuzog, sobald jemand hineintrat. Das hängte er, als es Abend wurde, im Garten auf; gerade dort, wo der Kobold gewöhnlich durch den Lattenzaun geschlüpft kam.

Und wieder wurde er ganz früh am Morgen durch ein Schreien im Garten aus dem Schlaf aufgeweckt.

«Lass mich hinaus! Lass mich hinaus!» rief der wieder gefangene Kobold.

Der alte Mann eilte in den Garten und ging zu ihm hin. «Hab ich dich nun wieder!» sagte er lachend. «Jetzt musst du mir einen weiteren Wunsch erfüllen, sonst lasse ich dich für immer in diesem Netz zappeln. Du wirst nie wieder frei herumhüpfen und so böse Streiche machen.»

«Dann wünsch dir doch etwas!» rief der Kobold. «Du bekommst es bestimmt.»

Der alte Mann lachte wieder. «Ich habe nur einen Wunsch: Lass die goldenen Äpfel vom Baum herunterfallen.»

«Und wenn du die Äpfel hast, lässt du mich vielleicht doch nicht frei. Nein, ich traue dir nicht. Öffne das Netz nur ein ganz klein wenig und dann stell dich unter den Baum, damit du die Äpfel auffangen kannst, wenn sie herunterkommen.»

Der Alte öffnete das Netz nur so viel, dass der Kobold seine Ärmchen durchstrecken konnte. Dann ging er zum Baum, sah hinauf in seine Krone und wartete. Plötzlich traf ihn etwas ganz unsanft am Kopf. Es war, als ob ihn jemand geschlagen hätte. Ein goldener Apfel war heruntergefallen und hatte ihn genau an der Stirn getroffen. Au, das tat weh! Der Kobold lachte.

Wütend griff der alte Mann nach dem Goldapfel und warf ihn nach dem kleinen Zwerg. Der schwere Apfel traf das feine Netz. Es zerriss, der Kobold war frei. Rasch schlüpfte er durch den Lattenzaun, wandte sich auf der anderen Seite davon noch einmal um und rief böse: «Sie sollen dir sauer werden, deine goldenen Äpfel!»

Der Alte wurde noch wütender; aber er verfolgte den Kobold nicht. Er blieb vor seinem Apfelbaum stehen und wartete auf das Herunterfallen der Goldäpfel. Sie fielen auch alle herunter. Doch als sie dann unten im Grase lagen, da waren es plötzlich nur noch ganz gewöhnliche Äpfel. Sie waren grün und sehr sauer.

«Warte nur, bis ich dich wieder erwische!» rief der Alte. Aber das geschah nicht mehr. Der kleine Kobold war schlauer. Er liess sich in einem anderen schönen Garten nieder, in dem es keine gefährlichen Fallen und keine Netze gab.

Der alte Mann aber konnte nun wieder jede Nacht ruhig schlafen, weil sich keine Diebe mehr in seinem Garten herumschlichen. Und ein ruhiger Schlaf, ohne Angst und Sorgen, das ist mehr wert als ein paar goldene Äpfel. Das sah der alte Mann auch ein.

Und noch etwas hat er bei der Geschichte gelernt: Man soll keine Kobolde einfangen, die haben das nämlich gar nicht gern.

Die Trollblume schweigt, die Rose lächelt, die Föhre, die Weisstanne und der Holunderstrauch lachen. Da muss auch Karin lachen. In Gedanken sieht sie den alten Mann vor seinen faulen Äpfeln stehen, die einmal aus Gold waren, und auf der anderen Seite des Gartens den kleinen Kobold, wie er sich aus dem Staube macht. Sie lacht immer stärker und muss sich schliesslich im Liegestuhl aufsetzen, damit sie noch genügend Luft zum Atmen bekommt.

Plötzlich fällt ihr auf, dass sich gar nichts mehr in ihrem Garten bewegt. Alles ist still geworden. So still wie vor dem Besuch der Märchenfee. Der Zauber ist vorbei. «Schade!» denkt Karin. «Es war so schön.»

«Karin, Karin, wo bist du?» Es ist die Stimme ihres Vaters, der nach ihr sucht. «Hier!» ruft Karin. «Im Liegestuhl bin ich.»

«Es ist kühl geworden», sagt der Vater. «Wir wollen ins Haus gehen, sonst wirst du mir noch krank.»

«Du, Vater», erzählt Karin gleich, «ich habe die Märchenfee gesehen. Sie hat mit mir gesprochen, und dann hat sie für mich den ganzen Garten verzaubert. Alle Blumen und Bäume und alle Sträucher haben mir ihre Geschichten erzählt.»

«Du hast geträumt», meint der Vater und lächelt.

«Nein», sagt Karin, «die Märchenfee war wirklich bei mir. Sie war sehr lieb. Du glaubst doch auch, dass es die Märchenfee gibt, nicht wahr?»

«Ja, Karin, die Märchenfee gibt es.»

«Hast du sie auch schon gesehen?» will Karin wissen. Der Vater nickt. «Ich habe sie sogar schon oft gesehen.»

«Und erzählt sie dir dann auch schöne Geschichten?»

«Ja, Karin, das tut sie.»

«Dann hat sie dich doch sicher auch sehr lieb, nicht wahr?» meint das Kind.

Der Vater denkt ein wenig nach, beugt sich dann zu seinem kleinen Mädchen hinunter und lacht. «Ja, ich glaube schon, dass sie mich auch sehr lieb hat, deine Märchenfee.»

«Das ist schön», sagt Karin. Zufrieden gibt sie dem Vater ihr kleines Händchen und so gehen sie zusammen ins Haus hinein. Sie sind beide sehr glücklich.

Inhaltsverzeichnis

Die Nacht der tausend Lichter 7
Die streitenden Bäume 17
Die Geschichte vom ungeduldigen Schneeglöckchen 24
Der wandernde Pilz 29
Die Geschichte der Mohnblume 37
Vom Spatz und der Vogelscheuche 42
Die Geschichte der Sonnenblume 48
Die Geschichte vom Flieder 54
Die Geschichte vom Schlüsselblümchen 63
Der Himmelsschlüssel 74
Warum es schwarze Rosen gibt 86
Die Geschichte vom Goldregen 94
Die Geschichte der Schwertlilie 104
Von den farbigen Kleidern der Tulpen 127
Vom Marienkäferchen, das seine Punkte verlor 139
Das vertauschte Herz 146
Der Baum mit den goldenen Äpfeln 159